Kerstin Holzer

Monascella

Kerstin Holzer

MONASCELLA

Monika Mann und ihr Leben auf Capri

dtv

3. Auflage 2023

Satz: Fotosatz Amann, Memmingen
Gesetzt aus der Minion Pro
Druck und Bindung: CPI books GmbH, Leck
Printed in Germany · ISBN 978-3-423-29042-5

»… man mag von den schlimmsten Schlägen getroffen werden, der Felsen der Existenz ist stets derselbe.«

Monika Mann, *New Yorker Tagebuch*

Danach

Es ist der 15. Mai 1986, ein feiner Frühlingsnachmittag auf Capri, und Monika Mann bekommt schon wieder Besuch. Seit 31 Jahren lebt sie vollkommen zurückgezogen auf der Mittelmeerinsel, in der Villa Monacone, Via Pizzolungo 7, dem Panoramaweg entlang der Steilküste am Ortsrand. Auf der Piazzetta Capris mit ihren Bars hat man Monika Mann in all der Zeit nur selten gesehen, und Gäste in der Villa Monacone hat sie bisweilen ersehnt, doch meistens erfolgreich verhindert.

Aber vor wenigen Monaten ist ihr capresischer Lebensgefährte Antonio Spadaro gestorben, mit dem sie hier seit ihrer Ankunft auf der Insel zusammenlebte, und seitdem klingelten an der Gartentüre: Antonios Arzt, die Menschen vom Beerdigungsinstitut, der aus dem schweizerischen Kilchberg herbeigerufene Bruder Golo, die Familie Spadaro, der das Anwesen gehört, ein Architekt aus Neapel, der Monikas Wohnung erwerben will, sowie ein Schriftsteller, der Monika Mann, immerhin Tochter des berühmten Literaturnobelpreisträgers Thomas Mann, für eine italienische Zeitung porträtieren möchte.

Heute wird Helga Schalkhäuser erwartet, eine Journalistin

aus Monikas Heimatstadt München, die ein Portfolio interessanter Interviewpartner von Sophia Loren bis Riccardo Muti vorweisen kann, sie ist eine Zufallsbekanntschaft vom letzten Jahr. Das Besondere: Monika Mann hat sie persönlich eingeladen. Mit diesem Besuch nämlich verbindet sie eine Hoffnung.

Als die Journalistin sich der weiß getünchten Villa Monacone mit ihren Säulen und Bögen nähert, wartet Monika Mann im Gärtchen neben einer rosa Gartenliege. Das weiße Haar der 75-Jährigen ist zu einer immer noch üppigen Hochsteckfrisur arrangiert, das Gesicht ungeschminkt, aber gepflegt – bis auf die sonderbar deformierten Vorderzähne, die machen ihr seit Jahrzehnten Ärger. Beim Lachen, selten genug, hält sie deswegen eine Hand vor den Mund. Sie trägt ein rot-schwarz gemustertes Hemd, dazu schwarze Hosen und flache Schuhe, damit kann sie gut gehen auf den vielen schmalen Treppen am Haus.

Man begrüßt sich, steigt die Stufen zur glyzinienumwucherten Veranda im ersten Stock zu Monikas Wohnung herauf, dann erstmal: innehalten und die Aussicht bewundern. Sie ist wirklich spektakulär, ein Anblick, den man auch in weiteren 31 Jahren nicht müde würde zu bestaunen. Genau vis-à-vis von der Terrasse, auf der zwei Schmetterlingsstühle mit Leinensitzen und ein runder Holztisch Platz finden, ruhen die hundert Meter hohen Faraglioni-Felsen im Blau des Mittelmeers. Weiße Möwen umfliegen die Klippen, in denen sie ihre Nester bauen. Tief unten ziehen ein paar Touristenboote ihre Bahnen, am Himmel leuchtet ein Kondensstreifen. Es ist still, an der Villa führt nur der Spazierweg entlang. Unterhalb des Hauses Macchia mit gelbem Ginster, in der Luft die Würzigkeit von Salbei und Salz. In den Steineichen verfängt sich der Wind.

Auf Capri hat die Saison eben begonnen, doch für Monika Mann geht sie zu Ende. Schon in wenigen Wochen wird sie die Insel verlassen. »Ich war all die Jahre auf Capri ein Fremdkörper und bin es für die Menschen hier immer geblieben«, sagt sie. Freunde? Hatte sie hier keine. Es gab nur Antonio, auch ohne Trauschein Lebensmensch über drei Jahrzehnte, kein Intellektueller, aber »ein Philosoph«, auch wenn er beruflich Holzschiffchen für Touristen baute.

Ohne ihn ist Capri keine Heimat mehr.

Am Teetisch vor dem offenen Kamin krempelt Monika Mann ihre Hemdsärmel auf. Sie hat gerade erst angefangen zu erzählen, und weiter berichtet sie, mit ihrer etwas atemlosen Stimme: von der Emigration der Familie Mann, davon, wie ihr Ehemann während der Flucht aus dem Kriegseuropa 1940 bei einer Schiffskatastrophe ertrank. Wie wenig Rückhalt ihr die Mutter Katia geschenkt habe, wie wenig der Vater Monika vor deren Ausbrüchen schützte. Drei der sechs Geschwister seien tot, mit den zwei verbliebenen, Elisabeth und Golo, sei das Verhältnis mehr schlecht als recht. Trotzdem kehre sie jetzt zurück zu den »letzten verkümmerten Familienwurzeln«, ins Elternhaus in Kilchberg. Golo plane dort allerdings grimmig eine »Berliner Mauer«, um die Wohnbereiche voneinander zu trennen. Und ihre Arbeit, die könne sie auch nicht mehr trösten: Kein Blatt interessiere sich noch für ihre Feuilletons.

Die Journalistin hat schon einige dramatische Lebensbilanzen gehört, das gehört zu ihrem Job, aber jetzt ist sie bestürzt. Monika Manns bitterste Bemerkungen über die Mutter, nimmt sie sich insgeheim vor, wird sie im Text später glätten, die glaubt ihr sowieso keiner. Dass Monika nicht das erfolgsverwöhnte Lieblingskind dieser Familie war, kann sich zwar jeder denken, der die bis dahin erschienenen Tagebücher Thomas Manns und *Meine ungeschriebenen Memoiren* seiner Frau Katia gelesen hat, aber dass es so schlimm steht? Etwas betreten bekundet die Journalistin ihr Mitgefühl. Antwort von Monika Mann: »Man muss sich verhärten, sonst geht man kaputt.«

Anschließend besichtigen die beiden die zwei schlicht möblierten Zimmer. Ein Schreibtisch auf Steinboden, vor einer Liege ein Juteteppich, über dem Stuhl eine gelbe Wolldecke. Viele Bücher, Bilder, Schallplatten. Wie auf einem Hausaltar steht auf dem Kaminsims die Gesamtausgabe von Thomas Mann, davor Familienbilder in silbernen Rahmen. Das Erbstück in der Vitrine, eine Tasse aus feinem Porzellan, darf nicht berührt werden.

Mehrere Stunden sind vergangen. Jetzt, endlich, trägt Monika Mann ihr Anliegen vor, mit eindringlichem Blick aus ihren braunen Augen: »Wollen Sie nicht ein richtiges Buch über mich schreiben? Über meine Familie weiß man so viel, und über mich fast nichts.« Am Geld solle es nicht scheitern, sie zahle ein anständiges Honorar. Die Journalistin könne währenddessen hier im Haus wohnen, dann ist es bis zum endgültigen Auszug nicht so still, denn auch darum geht es: Monika Mann wünscht sich Gesellschaft.

Ein interessantes Angebot. Aber es wird nichts daraus. Helga Schalkhäuser arbeitet schon jetzt für mehrere Magazine und dreht außerdem für das deutsche Fernsehen. Es tue ihr leid, aber sie müsse ablehnen, leider, sie habe einfach keine Zeit.

Im Hinausgehen wirft sie noch einen flüchtigen Blick in den Wohnraum. Überall Bilder von Katia Mann. Ihre dunklen

Augen blicken einen aus einer Reproduktion des Kindergemäldes an, das Franz von Lenbach gemalt hat, aus einem am Regal lehnenden Porträt, aus Schwarz-Weiß-Fotos mit den sich anschmiegenden Kindern.

Auf dem Schreibtisch steht ein kleines geschnitztes Flaschenbötchen, mit seinem rot bemalten Korpus und gehisstem weißem Segel schwebt es im Glas. Es ist so filigran, dass man es leicht übersehen könnte.

Der Wind hat mich hergetragen

Capri im Winter, das ist jedenfalls keine »verfluchte blaue Limonade«, wie Bertolt Brecht die Insel einmal geschmäht hat. Als die Fähre aus Neapel in den Hafen Marina Grande einläuft, lässt der Fahrtwind auf Deck nach. Monika Mann sieht Felswände, die sich in den grauen Himmel recken, unten am Strand eine lang gezogene Häuserfront. In den offenen Werkstätten im Erdgeschoss, den *magazzeni*, liegen umgedrehte Boote und ein Haufen Fischernetze. Am Kai wartet das lokale Empfangskomitee von Trägern und Abholern auf die Ankömmlinge. Viele sind es nicht. Wer fährt schon Anfang Dezember nach Capri, außer beinharten Romantikern und Heimatlosen?

Monika Mann gehört offiziell der zweiten und heimlich der ersten Kategorie an. Sie reist mit wenigen Taschen und mit schwerem seelischen Gepäck. Hinter ihr liegt das Jahr 1954, in ihrem von Tiefschlägen nicht verschonten Leben eine besonders trübe Phase. Das »arme Mönle«, wie man sie in ihrer Familie mal mitleidig, mal gehässig nennt, steckt wieder mal in einer handfesten Lebenskrise. Diesmal kann sie sich damit nicht einmal zu Weihnachten in den Schoß der Familie retten. In den letzten Jahren hat man sich selten gesehen. Schon 1953 nach einem Besuch bei den Eltern fand Mutter Katia, das »elende Kind Moni« sei als Hausgast »wirklich eigentlich unvorstellbar in ihrer ablehnenden Muffigkeit. Wenn wir zurück sind, muss sie das Feld räumen.« Stillschweigend ist man nach dieser missglückten Visite übereingekommen, sich derzeit besser aus dem Wege zu gehen.

Aber Heiligabend alleine in Rom, wo sie seit 1952 lebt? Unvorstellbar, da muss sie raus, sofort. Weihnachten, das hat für sie den kindlichen Trost des »Alles ist gut«, und wenn nicht alles gut ist, schmerzt es am meisten an den Feiertagen. Monika will weg aus der Einsamkeit inmitten von Häusern, Autolärm und urbanem Chaos, wenigstens für die emotional anstrengenden Wochen des Jahreswechsels. Dann wird man sehen, aber eigentlich ist ihr die Stadt schon eine ganze Weile zu viel.

Der in Rom lebende Maler und Schriftsteller Rolf Schott hat ihr die Insel Capri empfohlen, einen landschaftlich reizvollen Flecken, der könnte ihr gefallen. Und in der Villa Monacone, heißt es, hätten schon viele Künstler residiert, unter anderem Oskar Kokoschka, der dort seinen Alma-Mahler-Furor mit Wandgemälden verarbeitete. Italien ist Sehnsuchtsziel der Deutschen in den Fünfzigerjahren, aber Capri gilt als regelrechtes Künstlerrefugium. Es ist also durchaus standesgemäß für eine Tochter des Schriftstellers Thomas Mann.

Rom war eine von Monikas ersten europäischen Stationen seit der Emigration in die USA. Amerika, das ist seit der hetzerischen McCarthy-Ära für die Mann-Familie vorbei. Mit Ausnahme des jüngsten Bruders Michael sind sie alle nach dem Zweiten Weltkrieg nach Europa zurückgekehrt. Auch der geliebte große Bruder Klaus, auf traurige Weise: Er hat sich 1949 in Cannes mit einer Überdosis das Leben genommen.

Die Eltern Thomas und Katia haben sich 1954 im schweizerischen Kilchberg niedergelassen, in ihrem Schlepptau das älteste Kind Erika, die »Tochter-Adjutantin«, unentbehrlich als Beraterin für den Vater und als Vertraute der Mutter. Golo, wie Monika eines der mittleren der sechs Geschwister, reüssiert als Historiker, der jüngste Bruder Michael hat seine Musikerlaufbahn, seine Frau Gret und zwei Söhne. Die ebenfalls jüngere Schwester Elisabeth lebt in Florenz, zwar frisch verwitwet, aber doch mit ihren beiden kleinen Töchtern, und leitet ein Kulturmagazin.

Alle haben ihren Platz und ihre Aufgabe, nur Monika weht umher wie ein Blatt im Wind. Die Rückkehr aus dem Exil, »the whole business of ›come back‹«, ist für sie »rather terrifying«.

In Rom hat sie in einer Pension immerhin einen Platz für ihr »fahrendes Haus« gefunden, wie sie die Reste eines provisorischen Haushalts nach der Emigration 1933 nennt, nach Stationen in Italien, England und Amerika. In Rom hat sie auch Zugang zu Künstlerkreisen, sie hat Heinrich Böll und Ingeborg Bachmann von der Schriftstellervereinigung »Gruppe 47« kennengelernt.

Ja, es gibt sogar Verehrer. »Hofmacher« nennt sie diese in einem Brief an den Schriftsteller Hermann Kesten, dem sie sich in der letzten Zeit sehr anvertraut hat. Ihm hat sie kürzlich geschrieben, dass sie hier genug »Hofmacher« habe, »aber Du weißt ja, es ist nicht *das*!« Sie, seit 1940 verwitwet, sucht »das«, was ihr Halt und Sicherheit gibt, die innige Verbundenheit mit einem zuverlässigen Menschen.

Kurz hoffte sie, ehrlicherweise ohne realistische Grundlage, der Journalist Richard Raupach könnte ihr dies geben. Ihn hat sie bei einem Interview in München kennengelernt, ihrer Geburtsstadt. Im Frühling 1954 erst hat sie ihm einen brieflichen Antrag gemacht, denn sie weiß nicht: »Wohin soll ich gehen?« Sie schreibt »aus einem Tiefpunkt oder einer Wirrnis heraus«, sie möchte einfach »›Sein, in der Nähe eines Menschen, dem ich traue.‹ Ich traue Ihnen. (…) Halten Sie mich?« Um nicht ganz so erbärmlich zu klingen, prahlt sie mit römischen Abenteuern, mit russischen Malern und italienischen Dichtern, sie hat es schließlich nicht nötig, zu betteln, und wahrscheinlich macht ihm genau diese Mischung aus Scheinsouveränität und Flehen Angst. Er traut sich jedenfalls nicht, schon gar nicht, seit er einen unheimlichen Brief von ihr erhalten hat, in dem sie einen düsteren Geist für sich sprechen lässt: »Dir fehlt die Phantasie, Dir vorzustellen, wies gewesen wäre (…) nie wirst Du diese Chance, nämlich die Nähe dieser Monika wieder finden. Du hast sie verscherzt.«

Auch die amerikanischen Freunde Charles und Vivian Neider und Hermann Kesten, die sie alle aus dem Familienkreis kennt und die ihr zugetan sind, wissen nicht, wie sie auf Monikas immer verzweifeltere Frage reagieren sollen: »I don't know where to go. Do you know advice?« Sie haben sie gern, wirklich, aber ein wenig übergriffig wirkt sie eben doch. Monika hält mit ihrer Enttäuschung brieflich nicht hinter dem Berg: »Ich zähle auf überhaupt keinen mehr.«

Ach ja: Beruflich weiß sie auch nicht, wie weiter. Sie hat es mit der Musik probiert, ohne Pianistin zu werden, mit Zeichnen, zuletzt mit dem Schreiben. Ein paar Artikel, die das Entwurzeltsein des Emigranten thematisieren, hat sie in Zeitungen unterbringen können. In der Familie spricht man aber hinter ihrem Rücken von einer »künstlerischen Oberflächenbegabung« (der Vater) und ihrem »Halbtalentchen« (die Mutter). Im Gegensatz zu den publizierenden Geschwistern Klaus, Erika und Golo gilt es bei ihr als anmaßend, dass sie sich ausgerechnet im Familiengeschäft versucht hat.

Nun ist sie 44 Jahre alt, ohne Job, ohne Mann und Kinder, ohne eigenes Zuhause. Ihren Unterhalt bestreitet sie von der familiären Apanage. Die Lebensperspektiven einer Frau in mittleren Jahren schwinden, auch wenn sie aus deutschem Bildungsadel stammt.

In dieser Verfassung also wird Monika Mann an diesem Dezembertag 1954 in Capri an Land gespült: »Der Wind hat mich hergetragen.« Wahrscheinlich wird sie vom Hafen abgeholt, alleine ist der Weg zum Haus kaum zu finden. Also los über den Kai zum Fahrkartenschalter der Drahtseilbahn, vorbei an Fischern, die die Hände in die Taschen ihrer blauen Jacken gestopft und die Krägen gegen den Winterwind hochgestellt haben, an Trägern, die Koffer auf Rollwagen wuchten, und dann mit der *funicolare* in wenigen Minuten hoch in den Ort Capri.

Oben geht es nur zu Fuß weiter. Zuerst auf die Piazza Umberto I., im Sommer ein quirliger, doch überschaubarer Platz mit vielen Tischchen und Stühlen, jetzt leer. Rechts die Kirche, links der Glockenturm aus dem 12. Jahrhundert, darunter ein Zeitschriftenkiosk. Durch einen Mauerbogen in die Via Camerelle, links abbiegen, die Via Tragara weiter bis zur Aussichtsterrasse, ein enges Treppchen hinunter, dann beginnt der Spazierweg durch Bäume und Macchia, die Via Pizzolungo. Hier an der Steilküste steht nur eine Handvoll Häuser in exklusiver Lage, und eines der ersten ist die Villa Monacone.

Monika sieht das einladende, fast herrschaftliche Haus, die

Säulen und Veranda, die »riesige Aussicht« auf Meer und Felsen, sie spürt Ruhe und Weite. Diese Weite! Zum ersten Mal seit Langem kann sie frei atmen. Keine Nachbarn, keine Beobachtung, wohltuende Distanz zur erfolgreichen Emsigkeit der Anderen. Alles heißt sie willkommen, sogar die im Wind segelnden Möwen rufen ihr eine Begrüßung zu. Sie ist gekommen, um zu bleiben, aber das weiß sie noch nicht. Was sie aber weiß: Es ist eine »Liebe auf den ersten Blick«, wie sie das später nennen wird. Und die schließt auf Anhieb und explizit den Mann mit den lachenden Augen mit ein, der sie hier erwartet.

Antonio Spadaro heißt er. Seiner Familie gehört die Villa, er wohnt im Parterre unter ihrem Apartment und wird ihr Mitbewohner sein. Er ist drei Jahre älter als sie, also 47, ein schlanker Mann mit feinem Gesicht. Wie viele Italiener trägt er seinen Pulli und das Sakko darüber mit lässiger Eleganz, die Hornbrille auf der kühnen Nase verleiht ihm etwas Kluges. Etwas seltsam, dass er Junggeselle ist, denn bei Frauen kommt er ausgesprochen gut an. Er ist ja auch unverschämt gutaussehend, das fällt Monika sofort auf, dafür hat sie schon immer einen Blick gehabt. Und am schönsten ist sein freundliches Lächeln.

Sie gefällt ihm anscheinend auch. Er führt die »Signora« die Treppe hinauf und in die kleine Wohnung im ersten Stock. Da ist die winzige Küche, hinter der Fliegengittertür draußen eine Terrasse mit Pergola, und wo ist das Bad? Ah, hier. Es gibt außerdem zwei Räume, im kleineren steht eine schmale Liege mit darübergebreiteter Wolldecke. Zwei Stufen führen hinunter ins Wohnzimmer mit Steinboden aus dunkelroten und weißen Fliesen. Geheizt wird mit offenem Kamin und Gasofen, und von den Fenstern und der vorderen Veranda aus ist das Meer zu sehen, wie Antonio ihr zeigt. Da er kein Englisch spricht, verständigen sich die beiden auf Italienisch, das Monika passabel beherrscht. Es klingt ziemlich deutsch, und demnächst wird sich noch ein neapolitanischer Dialekt dazugesellen, wie er auf der Insel gesprochen wird – ein kurioser Mix.

Wie nimmt diese Liebe zweier nicht mehr ganz junger Menschen ihren Lauf? Was wir wissen: Außer zum Metzger, dem Bäcker, dem Obstmann, den Leuten vom Tabacchi, der Post und der Bar hat Monika in diesen ersten Wochen auf Capri nur zu zwei Menschen Kontakt: zu einem »Antonio 1«, eine flüchtige Bekanntschaft, und zu »Antonio 2«, Sohn des Hauses, ihrem attraktiven Mitbewohner. Der eine sei reich, der andere arm, schreibt sie in einem Brief: »Antonio 2«, der Ärmere also, gefalle ihr natürlich viel besser. Er nutzt die Winterzeit zum leider nicht ganz lautlosen Renovieren der anderen Zimmer des Hauses, die an Feriengäste vermietet werden. Wahrscheinlich steht er stets für Empfehlungen zur Verfügung, wer denn sonst: wo man spazieren gehen kann, wo man einkauft und wo besser nicht, wo man seinen Espresso trinkt.

Vielleicht macht er sie auch darauf aufmerksam, dass die 1880 gebaute Villa nach einem der vier berühmten Faraglioni-Felsen benannt ist, und zwar nach dem kleinsten und unbekanntesten Stein. Der Monacone-Felsen liegt buchstäblich im Schatten der »Großen Drei« Stella, Mezzo und Scopolo, die von ihrer Terrasse aus zu sehen sind. Den Monacone-Felsen aber kennt kaum einer, man muss den Wanderweg schon ein paar Schritte weiter zu einer Aussichtsterrasse gehen, um ihn zu Gesicht zu bekommen.

Dass Monika Mann aus Monaco di Baviera jetzt also in einer Villa Monacone wohnt, die nach einem unterschätzten Felsen benannt ist, ist ein hübsches Zeichen dafür, am rechten Platz zu sein.

Trotzdem, am Anfang fremdelt sie. Kurz vor Weihnachten 1954 schreibt sie ihrem Freund Schott ein paar Zeilen nach Rom: »Das ist überhaupt kein Brief, sondern nur eine Geste, ein Zittern, ein fernes Geflüster, damit Sie wissen, dass ich bin.« Irgendwie lebe sie neben, über, unter der Villa Monacone, nicht darin. Sie ist noch nicht ganz angekommen. Weihnachten, das sie so liebt, steht vor der Türe, und sie ist hier allein gestrandet, da macht sie sich nichts vor. Als Kind in München war dies für sie eine Zeit, die wie verzaubert verstrich, mit Basteln, Stricken, Komponieren und Dichten, voller Ungeduld und Vorfreude, ausgerichtet auf den kindlichen »Glücksrausch« der Bescherung. In ihrer Kindheit, meint sie, lebte man »im tiefsten Grunde das ganze Jahr auf das Weihnachtsfest hin: alle Sehnsucht, alle Erfüllung lag in diesem lichten Ziel. Was konnte es Besseres geben, als am Himmlischen teilzuhaben – das sich mit Tannenduft und Glanz uns offenbarte –, ja des Himmlischen teil zu sein?«

Auf Capri gibt es keine verschneiten Tannen oder Frost, höchstens regnet es mal so stark, dass das Nass die Via Camerelle hinunterströmt und die Keller der Boutiquen unter Wasser setzt. Es gibt kein München mit festlich geschmückten Geschäften, sondern ein Dorf, in das man immerhin 15 Minuten zu gehen hat, in dem jetzt alles still und ziemlich melancholisch wirkt, es wartet auf belebtere Zeiten. Es kommen zu dieser Jahreszeit, der *stagione morta,* kaum Touristen auf die Insel. Auch finden sich wenig »Angesiedelte«, und die weni-

Am Fuße der Faraglioni-Felsen: Monika Mann an der Küste Capris

gen haben alle einen »Stich«, meint Monika. Dafür hat sie einen Blick wie für attraktive Männer.

Sie findet, auch die Capreser seien eigentlich »Sonderlinge. Die ›Insel‹ frägt einen besonderen Typ.« Aber ob sie da nicht ganz gut aufgehoben ist? Nennt man sie in der Familie, träumerisch und einsiedlerisch, wie sie sein kann, nicht auch einen Sonderling?

Zumindest das Wetter zeigt sich in diesem Winter von seiner freundlichen Seite. Brieflich berichtet Monika: »Auf Regengüsse folgen Sonnenküsse.« Immer wieder ist es so warm, dass man draußen sitzen, die Jacke ausziehen und das Gesicht mit geschlossenen Augen in die Sonne halten kann.

Monika unternimmt Spaziergänge, die direkt vor ihrer Haustüre beginnen. Der kürzeste führt in Serpentinen hinunter zu den Faraglioni-Felsen, in gut zehn Minuten ist man da. Dort klettert sie am Fuße der zerklüfteten Steinbrocken herum und schaut hinaus aufs Meer. Auf einem Foto aus dieser Zeit hält sie sich mit den Händen an Felsvorsprüngen fest, eine hübsche Frau mit dunklen Haaren, schlank und beweglich in Hose und Hemd.

Sie blickt mit verhaltenem Lächeln in die Kamera, die Stirn skeptisch gekräuselt. Dabei hat sie da unten sicher ihre Ruhe, viel kann zu dieser Jahreszeit nicht los sein. In den grauen Stein hat man zwar vor ein paar Jahren ein Restaurant mit Badestelle gebaut, aber das »La Fontelina« befindet sich jetzt in Winterpause und wappnet sich für die bevorstehenden Sommer, in denen es zum Hotspot des internationalen Jetsets werden wird. Alle blaugestreiften Schirme und Sonnenstühle sind noch gut verpackt.

Die Spaziergänge helfen ihr, Fuß zu fassen. Ein anderer

Weg folgt dem schmalen Panoramapfad nach links zum Arco Naturale, einem natürlichen Bogen aus Stein, und zur Casa Malaparte, die, provozierend rot und mit segelartiger Mauer aus weißem Stein, auf einem vorgelagerten Felsen im Meer liegt wie ein Schiff. Man sieht sie vom Wege aus. Von unten glänzt das Meer durch die Bäume, in tiefen Tönen von Smaragd bis Indigo.

Überhaupt, findet Monika, sind die Ausblicke auf dieser Seite der Insel »erschütternd schön«. Wenn sie auf ihre Terrasse tritt, hört sie nur das Meeresrauschen, das sich im Winter zum Brausen steigert. An rauen Tagen klatscht das Wasser laut gegen die Felsen, und die Gischt sprüht bis nach oben zum Haus. Die Möwen kreischen und liefern Flugshows vor ihrer Veranda hoch über den Faraglioni. Sie beobachtet sie oft, bald kennt sie die Vögel beim Namen. Etwas »Wildes, Heiseres, Ödes und Schwermütig-Eintöniges« liege im Wesen der Möwen, hat Thomas Mann 1918 in der Erzählung *Herr und Hund* geschrieben. Aber eben auch etwas unbedingt Starkes. Womöglich ist es das, was Monika an Möwen so fasziniert, dass sie sie immer wieder erwähnt.

Vielleicht ist das erste Weihnachtsfest auf der Insel auch nicht so traurig wie befürchtet. Gegen die Einsamkeit helfen die Begegnungen mit Antonio. Natürlich hat man der Familie Spadaro zugetragen, wen sie hier beherbergt: die Tochter des wahrscheinlich größten lebenden deutschen Literaten. Trotzdem, das Verhalten von Antonio wirkt keineswegs verkrampft, sondern von Anfang an heiter und natürlich. Er erklärt ihr die Rituale der Capreser, die das Fest mit feierlichen Prozessionen, historischen Krippen in den Kirchen und bunten Lichtern feiern. Am Weihnachtsmorgen tragen sie lebende Aalweibchen nach Hause, um sie dort, in Scheiben geschnitten, paniert und in sprudelndem Öl frittiert, zum traditionellen Weihnachtsgericht *capitone* zuzubereiten.

Als beglückend empfindet Monika das Kochen überhaupt, dem sie sich, die Restaurants meidend, derart intensiv widmet, dass sie nach eigenem Bekunden bald so gut kocht »wie Rossini«. Oft gibt es saisonales Gemüse von der Insel: Zurzeit sind es Artischocken, die sie mit Olivenöl, Zitrone und einer Prise Kräutersalz genießt; der Essplatz befindet sich direkt vor dem offenen Kaminfeuer. Schlichte Gerichte sind ihr am liebsten: »Kompliziertes nützt sich ab, Einfaches nicht.«

Im Kilchberger Elternhaus gibt es derweil Bowle und Geschenke. Trotzdem herrscht an diesem Weihnachten 1954 nicht eitel Sonnenschein. Thomas Mann vermerkt in seinem Tagebuch »leichte Schneedecke« und schwere Belastung durch die älteste Tochter Erika, die mit dem »Extremismus ihres Hasses« gegen, in diesem Fall, Journalisten, aber schon seit Längerem gegen so ziemlich alle, darunter ihre eifersüchtig beäugten Geschwister, die Mutter Katia quält. Beide Eltern wagen allerdings nicht, ihre Älteste um Mäßigung zu bitten. An Heiligabend telefoniert man mit Elisabeth in Florenz. Von Michael ist in dem Eintrag nicht die Rede, der hat seinem Vater mit dem inzwischen 14-jährigen Lieblingsenkel Frido längst das größte Geschenk gemacht: Und Frido feiert Weihnachten in Kilchberg.

Dass die abwesende Monika nicht erwähnt wird, verwundert nicht. Wie notierte Hedwig Pringsheim, Großmutter mütterlicherseits, schon zu Weihnachten 1929 unverblümt in ihrem Tagebuch: »Das übliche Weihnachtsfest, (...) mit netter Musikproduktion der Kleinen, gutem Essen, etwas Grammophon, halt wie immer, das einzig fehlende Kind Moni fehlte ja nicht.«

Ja, sie fehlt nicht, wenn sie nicht da ist.

Aber auch Antonio Spadaro, glaubt sie zu merken, ist in seiner Familie ein Außenseiter, und das zieht sie neben seinem sensiblen Wesen, seinem Lächeln und dem erfreulichen Äußeren besonders zu ihm hin: Womöglich ist er ein Seelenverwandter? Gebildet ist er zwar nicht, denn er hat nur die rudimentäre Insel-Erziehung von ein paar Jahren Grundschule genossen. Von Thomas Mann hat er natürlich nichts gelesen. Aber er stammt aus einer alten capresischen Familie. Der Vorfahre Francesco Spadaro galt mit seinem langen Rauschebart und einer gehäkelten Mütze auf dem Haupt als Inbegriff der Capri-Fischer, nutzte das lukrative Image und präsentierte sich fotografierenden Touristen und Malern. Antonios Vater, der Fischer und Maurer Ciro Spadaro, wurde zwar nicht von Malern porträtiert. Er hat aber die Villa Monacone erbaut und zu einem Insidertipp für Weltflüchtige gemacht, die dort, mal länger, mal kürzer, Station machen.

Sein Nachfahre kann dem nicht nacheifern. Schon als junger Mann ist Antonio herzkrank. Die traditionellen Erwartungen an einen Mann erfüllt er auch nicht gerade. Antonio ist weder verheiratet, noch hat er Kinder. Dabei gilt er im Ort keineswegs als schrullig, sondern als gewinnender Charakter, sogar als »Casanova«. Beruflich ist der gelernte Maurerpolier ungeeignet für schwere Arbeiten, deshalb verkauft er in einer improvisierten Bar zu Füßen der Villa Monacone Limonade an die vorbeiflanierenden Touristen, außerdem Souvenirs wie selbstgeschnitzte Flaschenschiffe und Nachbildungen der Blauen Grotte en miniature.

Ist das nun unmännlich? Monika findet: nein. Sie sieht vor allem, wie beliebt und geachtet Antonio ist, der jeden Tag über die Via Tragara in den Ort geht, mit Freunden Karten spielt, mit Leichtigkeit neue Bekanntschaften schließt, und wie er sich arrangiert mit dem, was das Leben ihm bietet. Er beweist guten Stil, ohne ihn an teuren Privatschulen erworben zu haben, und zwar nicht nur in seiner äußeren Erscheinung, sondern auch in seinem zurückhaltenden Auftreten. Monika bewundert seine Gelassenheit. Außerdem ist sie kein Snob, wollte es jedenfalls nie sein. Hat sie sich nicht schon in ihrer Kindheit, im Münchener Elternhaus in der Poschingerstraße, gerne mit dem Personal im Souterrain aufgehalten und sich von der Köchin zeigen lassen, wie man Schnitzel brät?

Wenn man an den Winterabenden einen Spaziergang durchs Dorf macht, geht man durch die engen, mittelalterlichen Gassen in eine friedvolle Ruhe hinein. Außer an Silvester. Da gibt es ein knatterndes Feuerwerk, Kinder flitzen auf der Piazzetta herum, und die Erwachsenen treffen sich auf ein Glas Wein und tanzen die Tarantella in roten Gewändern, die wie Piratenkostüme aussehen. Eine Kapelle spielt und aus den offenen Türen der Bars dringt Radiomusik, italienische *canzoni* und Schlager.

Zu den Top-Hits 1954 zählen in Italien Teddy Renos »Un Bacio Ancor« – und der schmelzende Song »Pretend« von Nat King Cole. Bloß nicht die Hoffnung verlieren, ruft Nat King Cole allen Einsamen zu: »You'll find a love you can share (…) Just close your eyes she'll be there. You'll never be alone.«

Sich einen Schubs geben, wieder glücklich sein – oh ja, das will Monika, als das neue Jahr beginnt. Ihr unerschütterlicher

Lebens- und Liebeswille hat sie schon immer wie ein Kompass geleitet und lässt sie auch diesmal nicht im Stich.

Sie weiß selbst, dass sie in ihrer Sehnsucht nach Halt dazu neigt, von einer Männergeschichte in die andere zu stürzen: »Das war schon immer so. Jetzt eben – und es scheint unabänderlich – ist es ein Capreser Bauer, der mich ›fasziniert‹«, schreibt sie Richard Raupach, vom erhofften Galan zum Freund gewandelt, Anfang Februar 1955. Sie sei immer so kompliziert allein.

Aber das Komplizierte nützt sich ab, auch in der Liebe. Unkompliziert sein, einfach sein, das wäre schön. Dazu braucht es jemanden, der die besten Seiten in ihr zum Vorschein bringt mit Ruhe, Geduld und Zuneigung. Dass Antonio dies zu gelingen scheint, obwohl er vergleichsweise ein »Bauer« ist: wirklich faszinierend.

»You'll never be alone« – dies ist das Versprechen, nach dem sich Monika sehnt.

Zu Jahresanfang 1955 werden Monika Mann und Antonio Spadaro ein Paar. Ein sehr diskretes: In der Öffentlichkeit ist sie für Antonio ganz förmlich »la Signora«, er wird dies so halten bis zum Schluss. Im Ort erlebt man die beiden kaum zusammen. Stattdessen gehen sie gemeinsam auf dem Panoramaweg spazieren. Wenn Antonio dann ihre Hand nimmt, fühlt sich Monika wortlos verstanden. Dann kann sie nicht einfach davonwehen, diese Hand macht sie wind- und wetterfest gegen ihre inneren Stürme.

Das Halten seiner Hand, wird sie ihm später schreiben, sei etwas »Magisches und Heiliges«: »Sie ist zärtlich, sie ist enorm, sie ist traurig, sie ist das Leben.«

Und so beginnt Monika Mann, sich auf eine längere Zeit in

der Villa Monacone einzurichten. Sie hat sich »derfangen«, wie sie das auf gut Bayrisch, der Mundart ihrer Kindheit, nennt. Aus der römischen Pension wird das Inventar ihres »fahrenden Hauses« nachgeschickt: Kleidungsstücke, vor allem aber Bücher, Grammofon und Schallplatten. Sie richtet ihren Schreibtisch ein, mit einer Schreibmappe, kleinen Figuren, Fotos, mit Füllfederhalter, Brieföffner und Tinte. Das kreative Arrangement erinnert an die »Sächlein«, die auch ihr Vater Thomas Mann auf seinem Schreibtisch inszeniert.

Monika fühlt sich sogar so inspiriert und mutig, dass sie sich wieder ans Schreiben macht. In Amerika hat sie bereits Feuilletons verfasst, die ihr Vater »Monis verwegene Stückchen« nennt, nun denkt sie an ein Buch. Ihr erstes.

Wovon es handeln soll? Von dem, was sie hier, in der Stille inmitten wilder Meeresgischt, beschäftigt: dem, was war, und dem, was ist. Und wie beides miteinander zusammenhängt. Ihre Erinnerungen an Kindheit, Familie, Emigration will sie festhalten und ihre Lebenssicht neu ordnen. *Vergangenes und Gegenwärtiges* wird das autobiografische Werk heißen.

Vom Fenster neben ihrem Arbeitstisch geht der Blick ins Grün der Pinie neben dem Haus. Eine Palme wächst schier aus dem Steinboden und neigt sich über die Außentreppe, und wenn Monika das Fenster öffnet, hört sie den Wind und das Meer. Unten im Garten, gleich am Eingangstor neben dem riesigen Feigenkaktus, werkelt Antonio, er repariert einen Stuhl oder die schadhafte Mauer, und die Fliegengittertür klappert leise dazu. All das ist das »Gegenwärtige«, und es fühlt sich gut an.

Die Arbeit gedeihe, kann sie im Frühling 1955 in einem Brief vermelden. Ebenso gedeiht das, was sie ganz keusch ihre

»Freundschaft« nennt. In der kleinen Wohnung trägt sie am Tisch »3 Pullover und Pelzjacke, mehrere Hosen und Pantoffel und Decke«, denn das Haus kann zu dieser Jahreszeit immer noch eiskalt und klamm sein, und den Gasofen verträgt sie schlecht. Selbst diese Unbequemlichkeit findet sie romantisch: »Da sollte eigentlich etwas dabei herauskommen – nämlich am Schreibtisch, wenn man so eingemummelt ist, und das Herz so warm …«

Die ersten Sätze von *Vergangenes und Gegenwärtiges* lauten: »Ich lebe auf einer Insel. Es ist still da, und die Menschen machen sich Gedanken.« Über das Leben natürlich, über den »ewigen Kampf um das Gelingen« und über das, was es wirklich bedeute: »eine Selbstbefreiung«.

Vergangenes

Wer nach »Selbstbefreiung« strebt, laboriert meist an zwei Problemen: Versagensängste und Familie. Für Künstlerexistenzen und alle, die sich dafür halten, gilt dies in besonderem Maße. Speziell, wenn sie selbst aus einer hochkomplexen Künstlerfamilie stammen und fürchten, nicht mithalten zu können.

Für Monika Mann wird die Sache mit der Selbstbefreiung also nicht einfach.

Dabei lässt sich ihr Eintritt in die Welt der »amazing family«, wie man die Manns nennen wird, erstmal freudig an. Als sie am 7. Juni 1910 in München geboren wird, gibt es keinen Grund zur Klage. Zum einen ist der 35. Geburtstag des Vaters Thomas am Tag zuvor nicht weiter gestört worden, zum anderen verlief die Hausgeburt in der Schwabinger Franz-Joseph-Straße 2 ohne Komplikationen. Das kleine Mädchen ist »7½ Pfund schwer und nicht auffallend häßlich«, wie Großmutter Hedwig Pringsheim vermerkt, ja, sie ist sogar »bei weitem der hübscheste Säugling von allen vieren«, findet die Mutter Katia.

Es gibt bereits drei ältere Geschwister: das »Pärchen« Erika und Klaus, geboren 1905 und 1906, sowie den Bruder Angelus, genannt Golo, geboren 1909. Er bildet mit Monika nun das zweite »Pärchen«. Obwohl die Mutter nach eigenem Bekunden »immer verärgert« ist, wenn sie ein Mädchen zur Welt bringt statt eines Jungen, ist sie angesichts der Geschlechterparität nicht unzufrieden. Insgesamt wird die Familie sechs Kinder haben: In den Jahren 1918 und 1919 kommen noch Elisabeth und Michael dazu.

Bedürfen die Eltern, Thomas und Katia Mann, überhaupt einer Vorstellung? Sie gehören zur besten Gesellschaft Münchens. Thomas Mann, Sohn eines norddeutschen Kaufmanns und Senators des Stadtstaats Lübeck, ist Schriftsteller, und keiner der brotlosen Sorte. 1901 gelang ihm mit dem Roman *Buddenbrooks* gleich eines der großen Werke der Weltliteratur, und das mit nur 25 Jahren. Novellen wie *Tonio Kröger* haben seinen Ruhm gefestigt, ein Jahr nach Monikas Geburt wird die Erzählung *Der Tod in Venedig* erscheinen. Die Klassiker *Der Zauberberg*, die Tetralogie *Joseph und seine Brüder*, der *Doktor Faustus* liegen noch in weiter Zukunft, ebenso der Nobelpreis für Literatur im Jahr 1929.

Seine Frau Katia Mann, geborene Pringsheim und damit höhere Tochter, kennt sämtliche damit verbundenen Privilegien von Geburt an. Mit ihren schwarzen Augen und langen dunklen Haaren sieht sie als junge Frau nicht nur aus wie eine »morgenländische Prinzessin«, wie man sagt, sie ist auch ebenso verwöhnt. Katia gehörte zu den frühen Abiturientinnen Münchens und hat vor der Hochzeit mit Thomas Mann an der Universität München ein paar Semester Mathematik und Experimentalphysik studiert, auch das trägt zum familiären Standesbewusstsein bei.

Ihr Vater, Geheimrat Alfred Pringsheim, ist Mathematikprofessor an der Universität München, nebenbei aber Erbe einer deutsch-jüdischen Unternehmerfamilie, Wagnerianer und Kunstsammler. Katias Mutter Hedwig Pringsheim ist Tochter der Frauenrechtlerin Hedwig Dohm und eine schöne, sehr spitzzüngige Frau, die noch als ältere Dame Gäste ihres »Jour« mit einem Blick durch die Lorgnette und einem vernichtenden »Das habe ich schon gehört« beziehungsweise »Das habe ich ja noch nie gehört« mundtot machen kann. Die Pringsheim-Frauen bewundern nicht: Sie erkennen an, höchstens.

Katias Eltern residieren in der Münchener Arcisstraße in einem Neorenaissance-Palast. Im mit Gobelins und Kunstschätzen dekorierten Salon verkehrten schon der Komponist Richard Strauss und Künstler wie Friedrich August von Kaulbach und Franz von Lenbach, die die Familie selbstredend porträtierten. Angesichts solch kultureller und luxuriöser Strahlkraft kommt, findet Thomas Mann, »kein Gedanke an Judentum« auf, mit dem sich die großbürgerlichen Pringsheims auch keineswegs identifizieren.

Bei den Pringsheims verschmelzen Geist, Geld und Glamour auf unwiderstehliche Weise, und das soll auch in Katias Ehe mit Thomas Mann so bleiben. Auch hier gehen Kulturgrößen ein und aus, Gäste sind die Schriftsteller Hugo von Hofmannsthal, Gerhart Hauptmann, Stefan Zweig oder Dirigent Bruno Walter.

Finanziell unterstützt von den schwerreichen Schwiegereltern, leben Thomas, Katia und die ersten vier Kinder zunächst in repräsentativen Münchener Stadtwohnungen, ab 1914 in der Villa im Herzogpark in der Poschingerstraße 1, eine der ersten Adressen Münchens. Die »Poschi« bleibt Heimat bis zur Emigration der Manns aus Deutschland im Jahr 1933. Eine Weile gibt es auch noch einen Landsitz im oberbayerischen Bad Tölz oberhalb eines Weihers, mit Blick auf die Berge.

Kindheit im Hause Mann, das beschreibt Monika Mann in ihren Erinnerungen *Vergangenes und Gegenwärtiges* als fragilen Schutzraum »im Zwielicht der mondänen Einsamkeit«. Die von wildem Wein und Heckenrosen umrankte »Poschi«, die dreistöckige Villa mit Erker und Garten am Stadtrand Münchens an den Isarauen, während des Ersten Weltkriegs zeitweise »umlungert« durch »Hungrige, Frierende, vom Krieg Beleidigte«. Kleiebrot und Kunsthonig zum Frühstück mit den Geschwistern, nächtliche Gruselstunden mit Bruder Golo auf dem Speicher. Mehrgängige Mittagessen mit Suppe, Fischauflauf und Dessert, leuchtende Herbsttage im Englischen Garten, Grammofonabende im Salon mit dem musikbegeisterten Vater. Die Bilderbuchsommer im »Tölzhaus« am »finstergrünen Tannenwald mit seinen Geheimnissen und Düften«, in dem man sich beim Himbeerpflücken so schlimm verlaufen kann. Baden im goldgelben Moorweiher. Die Mama, mit »Gretelfrisur« und besticktem Leinenkleid kostümiert als »fein-exotische Bäuerin« voller Urkraft.

Der Vater, auch am Schreibtisch im Anzug, dominiert die Familie in Monikas Erinnerung eher »auf passive Weise«: Weniger sein Tun als sein Sein erzeugt Respekt. Diesen Anzug-Vater liebt das Kind aus ehrfürchtiger Distanz.

Häusliches Idyll, Wohlstand, Geschwister, Personal – es ist alles da. Nur die Mutter fehlt oft monatelang, vor allem in Monikas ersten Lebensjahren.

Die Kleine ist noch kein Jahr alt, als bei Katia Mann zum

ersten Mal fiebrige Zustände, chronische Bronchitis und allgemeine Erschöpfung diagnostiziert werden. Genaueres lässt sich medizinisch nicht herausfinden, womöglich ist es psychosomatisch. Jedenfalls wird ärztlicherseits Luftveränderung angeraten, wie in höheren Kreisen üblich. Bis in die Zwanzigerjahre hinein erholt sich Frau Thomas Mann immer wieder in Sanatorien in Bayern oder der Schweiz von einem Haushalt mit kleinen Kindern, renitentem Personal und einem überempfindlichen Ehemann, der von seiner spöttischen Schwiegermutter »ein rechter Pimperling« genannt wird. Einmal ist Katia ganze neun Monate fort. Um den Nachwuchs kümmern sich Kinderfrauen.

Im »Monika-Büchlein«, einem in Leder gebundenen Notizbuch mit Goldschnitt, hält Katia die Entwicklung ihrer zweiten Tochter in den ersten vier Jahren fest. Im Winter 1911/1912 notiert sie: »Wie ich aus Ebenhausen zurückkomme, kennt mich Moni zunächst nicht, und sieht mich lange stumm und benommen an. Auf einmal aber bricht es jubelnd heraus: ›Mamali, Mamali!‹« Auch im Herbst 1912 heißt es: »Wie ich aus Davos zurückkomme, kennt mich die Moni erst gar nicht mehr, aber sehr bald attaschiert sie sich wieder an mich. Sie hat sich in meiner Abwesenheit außerordentlich herausgemacht, und ist, mit ihren 2¼ Jahren, jetzt ein kräftiges, gebräuntes, rundliches allerliebstes Ding. Sie kann alles sprechen, viele Lieder ganz richtig singen und viele Gedichte aufsagen.« Was sie dann will: Ihre Mama nach deren Rückkehr »ganz zerquitschen« vor Glück. Katia ist anfangs gerührt und entzückt von dieser überschwänglichen Anhänglichkeit.

Ja, »die Moni« liebt ihre Mama heiß und innig. Nichts ist schöner, als wenn sie wieder daheim ist. Dann kann das Kind abends selig auf ihrem Schoß sitzen und ihrer tiefen und liebkosenden Stimme zuhören, bis es Zeit zum Schlafen ist, am liebsten noch länger. Oder morgens zu ihr ins Bett schlüpfen und unter die kornblumenblaue Daunendecke kriechen, »um dann den merkwürdig herben und Geborgenheit ausströmenden Duft des mütterlichen Bettes einzuatmen«. Dies sind für Monika Momente großer Geborgenheit und ultimatives Glück. »Sei doch froh, daß nicht die Mama fort geht«, tröstet sie ihren Bruder Golo, als der über einen Abschied beim Hauspersonal weint.

Sprechen und laufen kann Monika früh. Auch ihr musikalisches Talent fällt auf, wenn sie fehlerfrei singt oder Melodien nachpfeift und dabei jeden Ton trifft. Abends im Kinderbettchen gibt sie ein endloses Liederrepertoire zum Besten.

Komischerweise geht aber gar nichts, sobald sie auf Kommando ihre Lieder vortragen soll, womöglich vor Publikum. Das Mädchen verstummt und presst die Lippen aufeinander. Totalblockade. Lampenfieber? Trotzige Verweigerung? Katia Mann im »Monika-Büchlein«: »Sie gehört zu den Kindern, die dann einfach nicht können, man sieht es ihrem Gesicht an, daß da irgend ein unüberwindlicher Widerstand eingeschaltet ist.«

Aber sonst sei sie »ein übermütig lustiges Kind«, das sich vor Lachen ausschütten kann.

Thomas Mann findet sein Töchterchen »schalkhaft«, wenn auch etwas nichtssagend. Monika fehlt die delikate, knabenhafte Apartheit Erikas, aber sie gilt als niedlich mit ihrem pausbäckigen Puppengesicht, den runden Augen, der Stupsnase. Bei den üppigen Haaren scheiden sich die Geschmäcker allerdings. Monika ist verliebt in ihre langen Locken: »Schau, wie sanft sie sind.« Ihrem Vater geht das Getue um die Mähne auf die Nerven, sie gefällt ihm nicht. Einmal wickelt er ihr bei Tisch ein Messerbänkchen in die Locken, das sich verfängt und zu ihrem Entsetzen kaum mehr herausdrehen lässt; er findet das amüsant. »Pudelmoni« nennt er das Kind. Immerhin, Monikas Wesen ist »rührend« und meist »friedlich«.

Aber eben nicht immer. Sie hängt am Spielzeugpferdchen, der Harmonika und den Puppen, aber erst, nachdem sie »sie bis zur Unkenntlichkeit verstümmelt hat«, notiert die Mama, erstaunt, wie blitzschnell Monika ihre Sachen zerstören kann. Nach zwei Tagen hat sie dem Spielzeugpferd sämtliche Haare ausgerissen.

Diese wütende Liebe zu Spielsachen findet Katia keineswegs beunruhigend. Sie wundert sich höchstens darüber, dass die Dreijährige manchmal so »bees«, böse, sein kann. Sogar den ein Jahr älteren und körperlich viel stärkeren Bruder Golo malträtiert sie gelegentlich, bis er wimmert: »Nicht schopsen, Buckeli, nicht schopsen!«

»Erziehung ist Atmosphäre«, lautet die pädagogische Philosophie des Familienvaters Thomas Mann. Das weiß man aus seinen akribisch geführten Tagebüchern, in denen er Tagesablauf und Tätigkeit, Besucher und Befindlichkeit, Garderobe und Gassigänge festhält. Für ihn und Katia gehören zum Habitus kupferne Fingerschalen bei Tisch, einwandfreies Benehmen und Selbstverständlichkeiten wie die, dass auf seinen Rhythmus unbedingt Rücksicht genommen werden muss. Vormittags arbeitet er, nachmittags liest er, dann ruht er. Sein ritualisierter Tagesablauf darf von den Kindern keinesfalls gestört werden, sonst zieht die Mutter sie an den Ohren, dass es blutet – sie ist für alles Praktische des Künstlerhaushalts zuständig und die Exekutive im Familienstaat Mann, für den Thomas eine konservative und zugleich gleißend künstlerische Verfassung ausgerufen hat. Und die Konzentration des Vaters nicht zu stören ist nun mal Artikel 1.

Das Familienleben der Manns: ein Faszinosum, für die Mitglieder, das Umfeld, die Nachwelt. Bisschen »sonderbar« vielleicht, wie Klaus Mann in seinem Tagebuch notiert.

Alles ist so ungemein originell. Die kleinen Kinder tragen bestickte »Russenkittel« und einen akkuraten Pagenkopf. Dann weiß im Münchener Herzogpark gleich jeder Bescheid, dass sie »Kind von …« sind, aber Monika fragt sich, ob »jenes ›Gezeichnetsein‹ vor den Leuten ein Fluch oder ein Segen sei«.

Der Familienduktus ist nur für Eingeweihte verständlich, was die Distinktion nach außen verstärkt. »Üsis« bedeutet putzig und süß, das Verb »bunzeln« aussichtslose Betriebsamkeit, wie sie der Münchener Nachbar Herr Bunzel praktiziert. Auch die familiären Spitznamen sind extravagant. Thomas Mann ist nicht nur Papa, sondern auch »Pielein«, seit einem Kostümball der »Zauberer« und außerdem »Herrpapale«, für seine Frau das »Reh«. Katia Mann ist das »Mielein«. Die älteste Tochter Erika wird »Eri« genannt, ihr Bruder Klaus »Aissi«. Angelus hat sich selbst in »Golo« umbenannt, und Monika heißt erst »Puppaliesa«, später »Mönchen«, »Mönle« oder eben »die Moni«.

»Mielein« ist unsentimental, aber herzlich. Sie lehrt die Kinder Schwimmen, rodelt mit ihnen und tröstet bei Krankheiten. Selbst chaotisch veranlagt, ist sie für das Management der Familie zuständig: Abschirmen des nervösen Gatten einerseits sowie Fürsorge für die Kinder andererseits. Elternsprechstunde in der Schule, Stress mit Nachbarskindern, Arzttermine, Pflege bei einer familiären Blinddarm-Epidemie – alles ihre Aufgabe. Nicht zu unterschätzen ist ihr Jähzorn: Bei Lernunwilligkeit wirft sie Bücher, schlägt Golo einmal die Nase blutig, auch das An-den-Ohren-Ziehen bleibt gefürchtet.

Ihre Beobachtungsgabe ist enorm, ebenso ihre geistreiche Eloquenz und ihr Humor. Manche Späße gehen auch auf Kosten der Kinder. Die nehmen das unterschiedlich gut auf. Der dreijährigen Moni sagt sie im Scherz: »Ach, Moni, ich mag dich gar nimmer«, worauf das Kind tapfer antwortet: »Aber ein bischen mögst du mich doch. Und ich mög dich aber sehr, weils du so brav bist.« Als Golo drei Jahre alt ist, begrüßt ihn Katia mit den Worten »Tach, Moni«, und er widerspricht: »Ich bin doch nicht die Moni.« Die Mutter, amüsiert: »›Doch du bist die Moni!‹ und so geht es weiter, bis er ganz zornig und traurig wird, jeden Mittag fällt er wieder darauf herein.« Es sind pädagogisch unbekümmerte Zeiten, in denen auch die Tagebücher der Kinder gelesen werden. Haben sie ein Schloß, knackt es die Mutter. Monika wird das nie vergessen.

In den entbehrungsreichen Jahren des Ersten Weltkriegs aber beweist Katia Mann Hingabe und Härte. Mit Leiterwagen und Fahrrad klappert sie die Umgebung ab, um die Lebensmittelbestände und Kohlevorräte zum Heizen zu garantieren. Im sogenannten Kohlrübenwinter 1916/1917 sind auf dem Münchener Viktualienmarkt nur noch Scheußlichkeiten wie Eichhörnchen, Raben und Spatzen im Angebot. Das kann sie ihrer Familie ersparen.

Ihren Vater hingegen erlebt Monika als entrückt, oft distanziert, wie die meisten seiner Kinder. Das »inständig ichwärts«

gekehrte väterliche Wesen, störanfällig und sensibel, konzentriert auf sein Werk, so schreibt sie in *Vergangenes und Gegenwärtiges*, wirkte »einschüchternd, ja beklemmend auf uns und gewährte zugleich eine große Freiheit«. »Das große Vaterauge« (Klaus) sieht zwar alles, nur schreitet Thomas Mann eben selten ein.

Vorteil für die Kinder: Dies sind keine Helikoptereltern. Für die Dauerkontrolle ihres Nachwuchses fehlen ihnen Zeit, Lust und Kleingeist.

Das erlaubt den Kindern sowohl Selbstentfaltung als auch Grenzüberschreitung. Dass Erika und Klaus die Jüngeren, Golo und Monika, im Tölzer Sommerhaus bis zur Tyrannei drangsalieren, fällt keinem groß auf. Dem ängstlichen Golo werden von Klaus fürchterlichste Schauergeschichten ins Ohr geflüstert. Monika und Golo müssen die älteren Geschwister mit dem Leiterwagen die Wiesenhänge hinaufziehen, mit hinunterfahren dürfen sie nicht – eine Unterdrückung, nur groß für die Kleinen, aber anscheinend nicht so belanglos, dass alle Beteiligten sie vergessen hätten. »Grausamste Herrschaft« über die Jüngeren räumt der erwachsene Klaus später ein, »die Monika sich gefallen ließ, weil sie noch so klein, dumm und niedlich war«.

Monika beruhigt sich selbst auf ihre Weise: Sie sondert sich ab im einsamen Spiel. Mal sammelt sie im Garten Rosenblätter, die bunt auf dem Rasen liegen, und legt daraus Muster, »ganz leise summend«. Oder sie setzt sich alleine unter einen Baum und beobachtet stundenlang wimmelnde Ameisen, die einem geheimen Plan zu folgen scheinen.

Solange es dem Kind gelingt, »skrupellos mit immer neuer Kraft im Morgen aufzugehen«, erinnert sich Monika in *Vergangenes und Gegenwärtiges*, ist »im Grunde alles gut«.

Kinder ihrer Zeit: die Ältesten Erika und Klaus, die Mittleren Monika und Golo, die Jüngsten Elisabeth und Michael

Und dann: der erste Bruch. 1918 bringt Katia ihr fünftes Kind zur Welt: Elisabeth, bald genannt »Medi«. Thomas Mann hatte zwar in komischer Verzweiflung angekündigt, dass er sich im Falle einer fünften Vaterschaft mit Petroleum übergießen und anzünden werde. Tatsächlich aber bedeutet Elisabeth, sein ungeplantes »Kindchen«, für ihn Liebe auf den ersten Blick. Für keines der früheren Kinder habe er empfunden wie für dieses. Für seine Herzensfavoritin schreibt er in hymnischem Hexameter den *Gesang vom Kindchen*. Eine solche literarische Sonderbehandlung hat kein anderer seiner Sprösslinge erfahren. Entzückt ist der verliebte Papa beim Füttern und Baden dabei, spielt mit Elisabeth im Sandkasten, und wenn sie Ohrenschmerzen hat, gerät er außer sich.

1919 kommt dann noch, ebenfalls ungeplant, der jüngste Mann-Sohn auf die Welt: Michael. Das Kleinkind mit dem Spitznamen »Bibi« erregt bei Thomas Mann immer wieder »Fremdheit, Kälte, ja Abneigung«. Das weiß auch Katia und verspricht dem sechsfachen Vater in einem Brief, sie wolle ihm »noch ein feines Söhnlein schenken, weil ich doch mit dem Bibi Deinen Geschmack so gar nicht getroffen habe«.

Dazu kommt es nicht mehr. Die Familie ist mit sechs Kindern komplett. Die elterlichen Aufgaben konzentrieren sich ab jetzt auf Bändigung der Großen und Verzärtelung der Kleinen. Die Mittleren laufen mit.

Oder, mit den Worten von Monika: »Ich kann sagen, daß mit der Geburt der ›Kleinen‹ (…) meine Kindheit beendet war.«

Da ist sie acht Jahre alt.

Tau und Liebe und Moos

Auf den Faraglioni-Felsen räkeln sich die Blauen Eidechsen in der wärmer werdenden Sonne. Nur hier, auf diesen Steinbrocken, ist die *Podarcis sicula coerulea* zu finden, eine seltene Unterart der Ruineneidechse, die vom Hals bis zu den Flanken ein tiefes Blau aufweist. Blau-violett leuchten auch die Glyzinien an den Säulen der Villa Monacone. Auf grauer Inselerde blühen die letzten Narzissen, bei deren Duft Monika Mann an den einer »sehr reichen Dame auf den Champs-Élysées« denkt, so elegant und fein schwebt er in der Luft.

Draußen strahlt der Frühling 1955, in der Villa Monacone rattert die Schreibmaschine. Monika Mann schreibt an ihrem ersten Buch *Vergangenes und Gegenwärtiges*, und es läuft. Tag für Tag füllt sie Seite um Seite.

Womöglich blitzt dabei die Erinnerung an schriftstellerische Ratschläge auf, die ihr Thomas Mann vor ein paar Jahren gegeben hat, nachdem sie ihn genötigt hatte, Texte von ihr zu kommentieren. Er tat das leicht gequält (»Ja, gutes Mönle, was lässt sich da sagen!«), etwas spöttisch (»Der angewandte Impressionismus ist mir zuweilen nicht recht geheuer. Zerknüllter Alabaster? Knuspriger Mythos?«), aber ehrlich und nicht einmal schonungslos. »Etwas dünn wohl, aber oft nicht ohne Reiz und von ganz stimmungsvollem Tonfall« fand er ein »Stückchen« damals und empfahl zu überprüfen, ob manche »Stimmungsbilder« überhaupt Gewicht hätten. »Hat es Kern und Wahrheit? Für Dich höchstwahrscheinlich.« Überhaupt gelte, abgesehen von einer viel sorgfältigeren Beachtung von Rechtschreibung, der Grundsatz: »Wahrheitsliebe und genaue Erinnerung ist beim Schreiben das Erste und Letzte.« Aber abschließend: Das Ding habe etwas »von Träumerei und Poesie«. »Gut Glück!« wünscht: »Herzlich Z.«

Was Monikas Duktus nun auf den ersten Seiten ihrer Memoiren mit verschraubten Satzkonstruktionen und tastenden »mag wohl« und »mochte« verrät: Vom peniblen Stil des verehrten »Vater Zauberer« kann sie sich anfangs in ihrem Text schwer lösen. Sehnsüchtig spürt sie darin ihrer Kindheit nach, der Atmosphäre im Elternhaus. Der Sicherheit, die die Mutter vermittelte. Der Aura des Vaters. Dass sein künstlerisches Fluidum immer noch so stark auf sie wirkt, dass sie ihn menschlich nicht ganz zu fassen bekommt, beschäftigt sie. Genau das bringt sie zu Papier – und findet dabei allmählich eine eigene Sprache.

Manchmal ist sogar so etwas wie Ärger herauszulesen. Dass ein Streit oder heftiger Wortwechsel mit Thomas Mann selbst für seine Tochter »undenkbar« wäre – liege das nun an seiner Sanftmut?, fragt sie sich. Oder wähne er sich vielleicht aus Hochmut »turmhoch über allem«? Ist es menschliche »Lauwarmheit«? Seine Ironie hebelt alles aus, was man zu spüren glaubt, und zieht es ins Peinliche. »Der Ästhet. Keiner Unschicklichkeit nachgeben!« Gefühle bitte nur auf

Zimmertemperatur, sie können, erhitzt, sehr unästhetisch sein.

Dass sein Mönle gerade über ihn und seinen »schönen, gleichsam erbarmungslosen Lebensrhythmus« nachdenkt, weiß Thomas Mann nicht, als er ihr im April 1955 einen Brief nach Capri schickt. Die Familie ist eigentlich erleichtert, dass das Kind in Italien weilt und nicht im Kilchberger Elternhaus. Viel hört man nicht von Monika, nicht einmal zur Feier des 50. Hochzeitstags der Eltern im Februar ist sie in die Schweiz gekommen.

Aber nun steht Thomas Manns 80. Geburtstag an, am 6. Juni. Vorher soll er nach Lübeck reisen, um dort zum Ehrenbürger ernannt zu werden – eine späte Verbeugung der Heimatstadt, die ihm das Porträt im Roman *Buddenbrooks* übelgenommen hat. Außerdem auf dem Programm: seine große Rede zu Schillers 150. Todestag, der Teilung Deutschlands wegen einmal in Stuttgart, einmal in Weimar. Zum 80. Geburtstag sind außerdem Ehrungen durch den Schweizer Bundespräsidenten und Feierlichkeiten mit Familie und Wegbegleitern geplant. Aber sein Ehrentag sei doch zu etwas gut, schreibt Thomas Mann Monika, »nämlich, Dich wieder flott und flügge zu machen. Ohne ihn würdest Du wohl immer und ewig in Capri sitzen bleiben, – übrigens«, fügt er freundlich an, »ein Aufenthalt, so gut wie ein anderer.« Und da sie ja gefragt habe, was er sich wünsche: Eine kleine Kupferschale wäre schön.

Dass es auch nett sein würde, ihren Geburtstag, einen Tag nach dem seinen, gemeinsam zu feiern, schreibt er nicht. Monika selbst sieht ihren Geburtstag ja auch nur ganz bescheiden als »ein leises Nachklingen« *seines* »Festgeläuts«.

Vor der Reise nach Kilchberg im Juni aber muss es vorangehen mit dem Buch. Und es passiert doch so viel in Monikas erstem Frühling auf Capri: die Blütenexplosion auf den Abhängen, die ersten Sonnenbäder. Das mit Inbrunst gefeierte katholische Osterfest – eine ganze Woche voller Rituale, in der an Palmsonntag mit Konfekt dekorierte Palmenzweige gesegnet werden, Trauermusik die Karfreitagsprozession mit einer Christusfigur begleitet und beim Hochamt des Ostersonntags Vögelchen aus der Hosentasche gezogen werden, damit sie (die Auferstehung Jesu symbolisierend) zur Kirchenkuppel aufflattern (manche mit so viel Schwung, dass sie den Aufprall nicht überleben). Die feierliche Prozession Mitte Mai zu Ehren des Inselheiligen San Costanzo di Capri, bei der die Silberbüste des Schutzpatrons über einen Teppich von Blütenblättern durch die Straßen getragen wird und ein Blasorchester durchs Dorf zieht, das bei Jahrmarktsbeleuchtung ein Opern-Potpourri darbietet: Verdi für's Volk.

Monika sieht sich alles an. Die capresischen Mädchen tragen traditionelle Tracht, die mit langem Rock, Schürze und engem schwarzen Mieder über der Bluse an bayerische Dirndl erinnert. In den Gassen duftet es nach Zitronat und Orangenblütenwasser, nach dem warmen Geruch der Ricotta-Torte *pastiera*. Das Inselidyll, die »auf stolze, reine Weise« präsentierte Schönheit, wirkt auf Monika so belebend wie beruhigend. Und ist nicht auch ihre neue Romanze mit Antonio ein einziges Idyll?

Noch hat der Tourismus die Insel nicht okkupiert, es gibt einsame Stellen für Liebespaare jeden Alters und ihre Rendezvous unter dem Sternenhimmel. Dort können sie »auf dem warmen feuchten stillen Moos im Mondlicht liegen«, ins »duftende Dunkel zusammen niedersinken – ein Kauz wird rufen«, sodass sie »ein wenig lachen werden im Vergehen«. Und wenn sie früh erwachen, können sie »den Tau und die Liebe und das Moos von sich streifen und davongehen«. Und sich sagen, dass auf ihrem Moosbett nun sicher ein Strauch wachsen wird.

Sinnliche Gedanken, die Monika zu Beginn ihrer Capri-Zeit in einem Feuilleton namens *Liebe* formuliert. Oder sind es Erinnerungen?

Monika ist nicht nur in Antonio verliebt, sondern in die ganze Insel. Der Charakter des Mannes und der seiner Heimat sind für sie untrennbar miteinander verbunden. Beide wirken auf sie unerschütterlich, geradezu felsenfest. Es fasziniert sie, dass dieser Mann, ganz anders als sie, seinen Platz in der Welt kennt. Und dass er ihr in seiner Welt einen Platz anbietet.

Oft klettern sie den Pfad zur Casa Malaparte hinunter. Der Zugang zu diesem exzentrischen Gebäude, das meist leer steht, ist noch nicht durch ein mit Schlössern gesichertes Tor versperrt. Das rote Haus ruht souverän auf seinem Fels, und Monika und Antonio steigen die Stufen hinauf aufs Flachdach. »Wir stehen darauf, aneinandergelehnt, vom Smaragd der Wogen umgeben, und schauen den Möwen zu: ohne die Schwingen zu regen, stehen sie in den Lüften wie weiße Falken oder Adler und äugen auf den Grund, bis sie sich mit einem Schrei in die Tiefe stürzen.«

Für jemanden, der so anlehnungsbedürftig ist wie Monika, die Beschreibung von Glück. Zurück in der Villa Monacone notiert sie: Sie glaube, dass die Liebe bei all ihrem selbstsüch-

Monika Mann und Antonio Spadaro auf Capri, vermutlich auf der Via Pizzolungo, dem Panoramaweg

tigen und oft terroristischen Wesen im Grunde ein rein dienendes Phänomen sei, »da sie das Leben trägt«.

Auch Antonio scheint sich nach einer Komplizin gesehnt zu haben. Anscheinend steht ihm seine Familie gelegentlich skeptisch gegenüber, sagt man auf der Insel, obwohl er mit der Organisation der Ferienwohnungen in der Villa Monacone und dem Erfrischungskiosk seinen Teil zum Unterhalt beiträgt. Antonio hat mehrere Geschwister: Die Spadaros sind, wie die Manns, eine große Sippe, und komplizierte Familienverhältnisse kommen nicht nur bei Nobelpreisträgern vor.

Antonio weiß, dass Monika an etwas Größerem arbeitet.

Er selbst liest ja keine Bücher, aber sie ist so viel gebildeter als er und bestimmt sehr talentiert. Er stört sie nicht, wenn sie am Schreibtisch sitzt. Dort steht jetzt ein fingerlanges rotes Flaschenschiffchen mit weißem Segel, das er selbst geschnitzt, geleimt und bemalt hat.

Und er schenkt ihr noch etwas: einen Kosenamen. Der lateinische Ursprung ihres Namens Monika bedeutet »Einsiedlerin«. Aber er nennt sie zärtlich seine »Monascella«, nur für ihn wird sie so heißen, und nur im Schutz der Zweisamkeit. Das klingt spielerischer, weicher, und so ist sie auch, nur mit ihm. Vielleicht ist »Monascella« auch eine Anspielung auf ihr sonst so zurückhaltendes Auftreten – »monaca« ist das italienische Wort für Nonne.

Für sie wird er »Toni«.

Alle frisch verliebten Paare erzählen einander ihre Vergangenheit als Geschichte, über die nur sie die Deutungshoheit haben. Man erklärt sich dem anderen und schafft sich selbst ein autobiografisches Narrativ, mit dem man leben kann. In diesem ersten gemeinsamen Frühling wird Monika mit Antonio auf ihren Wegen über die Insel über die Höhen und Tiefen ihrer inneren Landschaft sprechen, von der Kindheit im Haus des Zauberers und ihrem Glanz. Dass sie es nicht immer leicht hatte, wird er schon gemerkt haben, denn immer wieder wirkt sie verschattet und ringt die schmalen Hände, eine irritierende Angewohnheit. Vielleicht weiß er schon von ihren Nervenzusammenbrüchen. Vom Exil, von ihrem ersten Ehemann und der Katastrophe, in der sie ihn verloren hat, der Einsamkeit, die dann folgte.

Antonio hört ruhig zu, er ist einfach da wie das Meer und die Faraglioni-Felsen, die wie schützende Wächter vor der

Terrasse der Villa Monacone die Stellung halten, er nimmt Monikas flatternde Hände und hält sie fest.

Sie nimmt sich vor, dieses Buch, mit dem sie beweisen will, dass auch ihre Stimme zählt, ihm zu widmen.

Dichterkinder

Die moderne Geschwisterforschung glaubt an folgende Tendenz: Erstgeborene tragen mehr Verantwortung, sind für die Jüngeren oft Vorbild und neigen noch als Erwachsene zur Dominanz. Mittlere lernen diplomatische Anpassung. Und die Jüngsten erleben sowohl Unterlegenheit als auch den Schutz durch die Älteren.

Die Konstellation der Mann-Kinder trifft das nicht schlecht.

Rollenverteilung im Jahre 1923: Die ältesten Geschwister Erika und Klaus Mann, mit ihren 18 und 17 Jahren verbunden wie Zwillinge, sind zu wahren Stars herangewachsen. Die Dichterkinder, fantasievoll, witzig und beide sehr hübsch, sind frühe Meister der Selbstinszenierung und tänzeln über Schulversagen und selbsteingebrockte Schwierigkeiten elegant hinweg – im Inflationsdeutschland gibt es genug Amüsement bei Champagnerfrühstück und Cabaret. Zu ihren Freunden zählen sowohl Spekulanten als auch Künstlerkinder wie die glitzernde Pamela Wedekind, Tochter des Dramatikers Frank Wedekind. Am Mittagstisch mit Eltern und deren kultivierten Gästen zeigen sich Erika und Klaus keineswegs eingeschüchtert, sondern von frechem Charme, was ihre kleineren Geschwister, die meist schweigend dabeisitzen, noch mehr beeindruckt.

Erika ist die Wortführerin. Sie besitzt die Gabe, gleichzeitig gegen die klassenbewussten Eltern aufzubegehren und sich doch mit ihnen bestens zu stellen. Sie weiß, dass ihr Vater nichts mehr liebt als Showeinlagen, und bringt ihn als »großer Aff'« mit ihren Parodien auf andere zum Lachen, vor allem, wenn sie derbstes Bayrisch spricht. Da ist schnell verziehen, dass die Mutter morgens hohläugig durch die Innenstadt streifen muss, um ihre im Münchener Fasching versumpften Teenager einzusammeln. Abgesehen davon, schätzt Katia Mann an Erika vor allem die Tatkraft. Als das »Mielein« wieder einmal auf Kur war, konnte sie Erika, damals knapp 15, schon zur Stellvertreterin in der Poschingerstraße 1 im Münchener Herzogpark ernennen. »Die Eri« hatte dann ein Auge auf Geschwister und Dienstpersonal. Demnächst wird sie das »Sau Sau Sau Sau-Kotz-Abitur« (Erika) absolvieren, mit sechs Mal Note »mangelhaft«, und Schauspielerin werden.

Klaus, frühreif und mutig, will dichten und denken. Und berühmt werden, deshalb schreibt er an seinem ersten Novellenband *Vor dem Leben*. Abitur braucht er dafür nicht, oder hat der Vater etwa eins? Wenn Klaus Dominanz demonstriert, dann als künstlerisches Talent der Geschwister. Als Kind schon leitete »Aissi« die Nachbarskinder bei der Aufführung von Theaterstückchen an. Seine späteren Spiele sind gefährlicher. Als Jugendlicher führt Klaus ein Tagebuch von derart abgebrühtem Exhibitionismus, dass die heimliche Leserin, Mutter Katia, entsetzt ist. Thomas Mann weigert sich, den »tobenden Vater« zu spielen. Er spürt, wenn auch mit Sorge, dass dieser gefährdete Sohn, der gerade die Bohème erkundet und recht offen auch seine Homosexualität, etwas Besonderes ist. Auch gefällt ihm Klaus' Schönheit.

Dem mittleren Sohn Golo hingegen hat man früh und oft gesagt, dass er hässlich sei und sonderbar wie ein Gnomenkönig. Das macht den melancholischen Jungen noch einsamer. Dabei ist er loyal und bemüht, unauffällig mitzulaufen. In der Pubertät allerdings stellt er phasenweise die Körperpflege ein und kann dem Vater nun erst recht nicht vermitteln, dass er möglicherweise das Klügste seiner Kinder ist. Die väterliche Kühle schüchtert den Jungen so ein, dass er sich auf Gespräche mit ihm vorbereitet wie auf eine Prüfung. »Was hatten wir doch für eine elende Kindheit«, wird er als junger Mann klagen, »Angst vor anderen Kindern, Angst vor den Eltern, dem Gymnasium, traurige Abende …«

Auch Monika übt sich in »diplomatischer Anpassung«, beziehungsweise in den Augen der Eltern: Sie gibt nicht viel her, seit Elisabeth und Michael auf der Welt sind. Als Nachgeborene ist sie entthront. Weniger brillant als die Großen, weniger drollig als die Kleinen, sitzt sie stumm zwischen den Stühlen wie Golo – »outsider« nennt Großmutter Hedwig Pringsheim alle beide in ihrem Tagebuch. Leider verbinden sich die Geschwister nicht zum Team; die zwei liegen sich nicht. Dass der Vater mit Monika keine persönlichen Gespräche führt, kennt diese nicht anders und erwartet es auch nicht. Das tut ihrer ehrfürchtigen Liebe keinen Abbruch. Monika selbst glaubt im Rückblick auf ihre Kindheit, dass sie »die Zeit eigentlich nie verschwendete, sondern unentwegt sich in ihr heranbildete«. Aber von außen betrachtet sitzt da eben ein Mädchen unter einem Baum und beobachtet Ameisen. Ahnt ja keiner, dass es dabei deren »kleines Tun« philosophisch »auf das große Tun« bezieht. Jedenfalls wirkt es etwas dröge.

Die kleine Elisabeth, Augenstern des Vaters, erfährt hingegen Verzückung und Schutz von allen Seiten. »Medi« ist »Herrpapales« Erwählte, seit Thomas Mann sich nach ihrer Geburt als väterlich warm erlebt, was ihn selbst sehr rührt. Sein Kindchen gilt als sonnig, ausgeglichen und unkompliziert, und genauso benimmt es sich auch. Elisabeth wird, Ausnahme bei den Mann-Sprösslingen, sehr gut in der Schule sein.

Michael ist zwar der Jüngste, aber sein Stern strahlt trotz ausgeprägter Musikalität nicht hell wie der von Elisabeth, mit der er trotzdem am engsten ist. Oft muss er vor dem eigenen Jähzorn geschützt werden, was nicht immer gelingt. Den kleinen »Bibi« porträtiert Vater Thomas in seiner Erzählung *Unordnung und frühes Leid* und nennt ihn dort »Beißer«. Das reizbare Bürschchen steht, nicht nur in der Erzählung, unter dem besonderen Schutz der Mutter, während der Vater, weniger edel, die pflegeleichte Schwester bevorzugt. Aber, wie schreibt Mann: Dem Herzen »lässt sich nicht gebieten«.

In *Unordnung und frühes Leid*, worin Thomas Mann kaum maskiert seine eigene Familie um 1923 skizziert, als Deutschland den Höhepunkt der Inflation und ekstatischen Unordnung nach dem verlorenen Ersten Weltkrieg erlebt, treten auf: er selbst und Katia als Professor Cornelius mit Gattin, Erika und Klaus als ihre älteren, exzentrischen Kinder sowie Elisabeth und Michael als Nachzügler. Es kommen nicht vor: Monika und Golo.

Wenn Erziehung tatsächlich »Atmosphäre« ist, dann teilt sich allen Mitgliedern einer Familie auch atmosphärisch mit, wer im Lichte glänzt und wer nicht. Denn natürlich gibt es auch bei Manns Vorlieben und Abneigungen.

Mag Katia auch behauptet haben, jedes Kind sei ein Liebling auf seine Art – dass dies nicht stimmt, hat zumindest ihr

Mann sich schon ehrlich eingestanden. Im Jahr 1920 notiert Thomas Mann im Tagebuch sachlich: »Ich (…) stellte wieder fest, dass ich von den Sechsen drei, die beiden Ältesten und Elisabethchen mit seltsamer Entschiedenheit bevorzuge.«

Über Monika ärgert er sich zwar nicht konkret wie über Golo, den er phasenweise »verlogen, unreinlich und hysterisch« findet. Er äußert auch keine grundsätzliche Antipathie wie gegenüber Michael.

Aber nach den Gesetzen der Ökonomie der Aufmerksamkeit stehen Monikas Aktien bei ihrem Vater trotzdem nicht hoch im Kurs. An Heiligabend 1918 heißt es in seinem Tagebuch noch, dass sie ein »kleines Separatbäumchen« bekommen habe: Die Achtjährige tanzt damit umher und küsst es. Dann erwähnt Thomas Mann sie bis auf Weiteres nur selten und nebenbei, immerhin auch nicht negativ.

Es ist ausgerechnet das heißgeliebte »Mielein«, das keinen Hehl daraus macht, dass es nicht mehr viel mit Monika anfangen kann, seit die Kleinen da sind. Katia Mann ist es, auf deren Urteilskraft sich der Vater in Erziehungsfragen verlässt. Was sie ihm über die Kinder mitteilt, ist Gesetz. Natürlich zerren sechs Kinder selbst an den Nerven der geduldigsten Mutter, wenn immer eines davon bettlägerig ist oder vom Sitzenbleiben bedroht – wenn also in den Worten von Großmutter Hedwig Pringsheim dauernd »der Teufel los ist und Katja ganz verzweifelt«.

Aber Katia ist nicht geduldig, und gerade ihr Blick auf die Mittlere verliert an Wärme.

Im Jahr 1920, Monika ist zehn Jahre alt, erwähnt Katia in einem Brief an den Gatten noch mit freundlichem Spott die »liebenswerte Dummheit« der zweiten Tochter. Doch ab jetzt

Teenager mit Hindernissen: Monika Mann mit Mutter Katia, Michael, Elisabeth, Vater Thomas, Klaus und Erika (v. l. n. r.) auf Hiddensee, 1924

beginnt das Grundrauschen mütterlicher Unzufriedenheit. Zwei Jahre später schreibt Katia über die 12-Jährige, die die Quinta des Münchener Luisengymnasiums, also die heutige 6. Klasse, besucht: »Moni trottet stumpfsinnig in die zweite Klasse.« Diese Information geht an die 17-jährige Erika, die sich schulisch selbst nicht mit Ruhm bekleckert hat.

Im Jahr 1924 klingt Katias Ton dann deutlich genervt. Aus dem Haus müsse Monika, heißt es, wieder in einem Brief an Erika, »muffig und unerfreulich«, wie Monika mit ihren 14 Jahren inzwischen sei. Das Kind habe »geradezu etwas von einem Dienstmädchen in ihrem Niveau«, das fände auch der Schuldirektor des Luisengymnasiums, der Monika gerade von der Schule geworfen hat. Und 1925 schreibt Katia an Erika: »Ich stehe diesem Kind rat-, ja fassungslos gegenüber.«

Was ist da geschehen?

Zum einen das Übliche: die Pubertät. Die steht Monika nicht besonders. Mehr molliges Gewicht, wie man auf Jugendfotos am pausbäckigen Gesicht erkennt, weniger kindliche Niedlichkeit. Im Rückblick auf ihr jugendliches Ich hält Monika sich zwar für »elfisch« und verträumt, doch aus Sicht der Mutter wirkt sie verstockt und enttäuschend gewöhnlich.

Monika ist kein origineller »großer Aff'« wie Erika, schreibt nicht wie der ehrgeizige Klaus, vertieft sich nicht in anspruchsvolle Lektüre wie Golo. Jeder Vergleich frustriert, auch der mit den süßen Kleinen. All das macht »muffige« Laune und stumm.

Umso einfacher findet sie den Umgang mit dem Personal in der »Poschi«. Oder mit Schulfreundinnen wie der »Sturm Babette«, die Holzpantinen trägt und Dialekt spricht »wie ein Droschkenkutscher«. Den hat sich Monika auch angewöhnt und wird dafür daheim ausgelacht. Aber es bleibt dabei: »Schon in München in meiner Jugend habe ich mir Freundinnen ausgesucht, die nicht aus ›höheren Kreisen‹ kamen. Und auch das Beisammensein mit den Hausdienern, Chauffeuren, Köchinnen und Stubenmädchen war mir lieber als das Zelebrieren großbürgerlichen Milieus.«

Was die Mutter außerdem in Rage gebracht hat: Ausgerechnet die langweilige »Pudelmoni« hat einen Skandal an der gymnasialen Münchener »Höheren Töchterschule« provoziert. Monika berichtet in ihren Erinnerungen, dort »aufsässig und faul« gewesen zu sein und sich höchstens für Französisch, Deutsch, Turnen und Singen interessiert zu haben. Anscheinend auch für die männlichen Lehrer. Sie sucht Aufmerksamkeit. Verliebt ist sie erst in den Physiklehrer, zum Verhängnis aber wird der Geschichtslehrer. Hat er sie wie ein »Spinnerich« ins Netz geführt, hereingelegt also, wie sie glaubt, um sie bloßzustellen? Oder hat Monika ihm Avancen gemacht und selbst die »Grenze des Statthaften« überschritten? Die Angelegenheit ist jedenfalls peinlich, auch für die Mutter. Monika soll die Schule verlassen.

Der Schuldirektor des Luisengymnasiums, das auch Erika besucht hat, vergleicht in einer Besprechung mit Katia Mann die beiden Schwestern miteinander. Monika schneidet dabei schlecht ab. »Der scharfsichtige Mann«, so schmeichelt Katia Erika, habe sein Erstaunen über den Gegensatz von Monika und Erika geäußert. Das intellektuelle Gefälle, »wo doch der gesamte Lehrkörper immer so große Freude an Dir gehabt, sei zu erstaunlich«.

Jetzt also muss Moni nicht nur die Schule wechseln, sie soll auch dringend »aus dem Haus«. Ins Internat Schloss Salem am Bodensee soll sie gehen, genau wie Golo. Ja, da gibt es Koedukation und gemeinsame Zeit für Jungs und Mädchen. Erika findet das zwar in Anbetracht des Vorgefallenen ungünstig, ihre Mutter aber meint, wenn der *genius loci* so unerotisch sei wie dort, bestünde keine Gefahr. Katia: »Bist Du zornig, dass ich gegen Deinen ausgesprochenen Rat, Moni nach Salem gab? War ja wohl auch unartig«.

Zwischen den schelmisch formulierten Zeilen verbirgt sich eine bedeutsamere Information als die Internatsfrage. Die rund 40-jährige Mutter macht ihre knapp 20-jährige Tochter zur Vertrauten auf Augenhöhe und erteilt ihr ab sofort pädagogische Prokura. Erika befindet sich jetzt in einer Allianz mit der mächtigen Mutter, darf mitentscheiden und gemeinsam mit dem »Mielein« kritisch auf ihre fünf Jahre jüngere Schwester Monika blicken. Jede geschwisterliche Solidarität gegen die Eltern wird damit beendet. Stattdessen entsteht ein Machtgefälle, das nicht mehr nur im Altersunterschied der Schwestern begründet liegt.

Von dieser für sie entscheidenden Weichenstellung ahnt Monika nichts, als sie sich 1924 auf Schloss Salem am Bodensee wiederfindet – und neu entdeckt. In diesem streng reglementierten System sieht man sie nicht als »Kind«, sondern als »Mensch«, erzählt sie in ihren Memoiren. Hier gelten nicht die Regeln der Familie, sondern eine bisher unbekannte moralische Selbstständigkeit: »Während die damaligen deutschen Staatsschulen nach Sadismus, Antisemitismus und Nazismus rochen, war der Geist der Landerziehungsheime human«. Auf Schloss Salem entdeckt sie Kameradschaft im Gemeinschaftszimmer, Sport, Förderung. Sie schließt Freundschaften, wirkt lustig und ist tatsächlich beliebt.

Das spricht sich bis nach München herum. Ihre Mutter Katia kann es kaum fassen. An Erika schreibt sie 1925: Man sei in Salem »geradezu begeistert« von Moni, die bei einer Schulaufführung von Mozarts »Figaro« »ebenso reizend gesungen wie gespielt« habe. Sie gelte dort als »vollendete kleine Lady. Seltsam!« Und: »Wir müssen also doch ausgesprochen Moni-blind sein.«

Als Monika in den Ferien nach Hause kommt, ist sie verändert. Zum ersten Mal fragt sie sich, ob das Leben »im Lichtkreis des Vaters« wirklich das Nonplusultra für sie sei. Denn, ja, das intellektuell anregende Milieu ist ein unglaubliches Privileg, aber seine Anspruchshaltung bedeutet auch unglaublichen Druck.

Obwohl man auf Schloss Salem ihren Entschluss bedauert,

bricht Monika die Schule ab und verlässt das Internat 1926, mit knapp 16 Jahren. Sie hat am Bodensee ihr Interesse für Musik vertieft und will in Lausanne Klavier studieren. Doch bald bricht sie auch diesen Unterricht ab – und geht zurück ins Elternhaus. In der Folgezeit nimmt sie Gesangsunterricht, besucht eine »Koch- und Gartenschule« und, wegen ihres Zeichentalents, eine Kunstgewerbeschule in München sowie eine Kunstschule in Paris. Von einem Abschluss dort ist nichts bekannt, sie kehrt abermals zurück nach München.

Dabei wirkte gerade Paris so inspirierend auf sie, dass selbst die anspruchsvolle Großmutter Pringsheim erwähnt, Moni habe hier ein »nettes«, da ein »drolliges Briefchen« geschickt. Bei der so glänzend formulierten Korrespondenz, für die diese Familie berühmt ist wie keine andere, darf das als zufriedenstellend gelten.

Auch Erika, die bewunderte große Schwester, erhielt auf hellblauem Briefpapier Post, die Temperament demonstrieren soll. »Trillilie Tütü, wie ich friere!«, berichtet »gleine Monniga« aus Paris: Kalt sei es. Sie habe ein neues schwarzes Kleid gekauft, »mehr künstlerisch«. Aber sie gibt zu: Sie neige »zur Melancholie, seitdem ich in der Fremde bin«. Der gertenschlanken Schwester gesteht sie, in Paris wieder zugenommen zu haben. Immerhin gefalle sie dem Bürgermeister von Paris, auch der Fahrlehrer schreibe »die komischsten Briefe«. Und zur Beschwichtigung für Erika, die Monikas Mähne wohl ebenso lächerlich findet wie der »Zauberer«, kündigt sie an, sie lasse sich »die Lockenperücke« zum »Bubiköpfle schneiden, freut's Dich«? Das sollte es, denn genau so trägt Erika ihr dunkles Haar – kurz, glatt, streng.

Monika spürt es selbst: Ihre Version von Weiblichkeit –

langhaarig, rundlich, gefallsüchtig – gilt bei Manns als banal. Sie versteht nur nicht, warum.

Immer wenn Monika von ihren Ausbildungsversuchen heimkehrt, wohnt sie im Münchener Elternhaus, wo Katia und Thomas dem Kind, das anscheinend nicht so recht weiß, wohin mit sich (nur: irgendwas mit Kunst), viel ermöglichen. Katia freut sich, wenn Monika »eher munter« auftritt, obwohl sie findet, dass man die Mittlere »ja auch nicht zu den Normalsten zählen kann«, so verdruckst und in sich gekehrt, wie sie oft wirkt, »seltsam« eben.

Die Mutter kauft ihr einen Schwung neuer Kleider und wundert sich, wie viel Spaß ihre Tochter an Mode hat (und am Flirten). Monika begleitet die Familie ins Ferienhaus in Nidden auf der Kurischen Nehrung an der Ostsee, sie darf zuhause in der Poschingerstraße Faschingsfeste veranstalten, geht im Herbst aufs Oktoberfest und im Winter zum Skifahren, und sie bekommt sogar einen Sportwagen spendiert, die knallrote »Opelette«. Damit macht sie mit dem Freundeskreis rund um die Münchener Nachbarin Lena Gruber einen Osterausflug nach Italien, fährt über Bozen an den Gardasee. Auf einem Foto sitzt sie fröhlich im Kreise ihrer Freunde und sieht aus wie ein pummeliger Junge. Lena spöttelt liebevoll in einem Kommentar, den sie neben einem Bild wartender Automobile in ihrem Fotoalbum geschrieben hat: »Moni hat wiedermal den Anschluss verloren«.

An heißen Sommerabenden fährt Monika zum Schwimmen an den Ammersee nahe München. Sie taucht ins kühle Wasser, am südlichen Ende des Sees sieht sie die Berge, und der prachtvolle Anblick der Alpen hinter dem Schilf macht sie ganz wehrlos. Die Schönheit der Natur wird für sie zum

»Gedicht ohne Worte, zum Gebet ohne Worte, zur lebenden Poesie«.

Monika fühlt, die Großen machen.

Erika und Klaus kommen von den Ausflügen in die Künstlerbohème der späten Zwanziger immer wieder auf Besuch in die »Poschi«. Sie sitzen am Tisch, Klaus mit träumerischem Blick, Erika amazonenhaft schön, und erzählen von Reisen an die Riviera oder nach Amerika, gern erster Klasse, meist auf Pump. Thomas Mann, durch den Roman *Der Zauberberg* und den Nobelpreis für Literatur 1929 geradezu reich geworden, zahlt ihre Schulden ab. Von ihren Drogenerfahrungen erzählen sie eher nichts. Auf einer Weltreise haben sie sich als »literary Mann Twins« herumreichen lassen und es bis auf Hollywood-Partys geschafft, wo Klaus mit Greta Garbo flirtet.

Zu verdanken ist die frühe Prominenz vor allem Klaus' ersten Veröffentlichungen. Schon sein Theaterstück *Anja und Esther* über eine lesbische Liebesgeschichte hat Furore gemacht. Es spielten die »Dichterkinder« Klaus, Erika sowie die Freundin Pamela Wedekind, mit der Klaus zum Spaß verlobt war, während Erika ihr verfallen ist. Mit von der Partie: ein bald sehr berühmt werdender Schauspieler namens Gustaf Gründgens, kurze Zeit Erikas Ehemann. Er ist homosexuell wie Klaus, nicht bisexuell wie Erika.

Auch in Klaus' Debütroman ging es um erotische Selbstfindung. *Der fromme Tanz* aus dem Jahr 1926 ist sein Coming-out-Roman und einer der ersten in Deutschland, in denen Homosexualität, in der Weimarer Republik strafbar, offen thematisiert wird. Dekadent und »anti-völkisch« finden nationalistische deutsche Blätter so etwas. Es hagelt Verweise auf den würdevollen Dichtervater. Der reagiert cool. Den Moralapostel will Thomas Mann nicht spielen: »Ich bin doch kein Stiftsfräulein.«

Keineswegs. Er findet ja selbst, dass »die geheimen und fast lautlosen Abenteuer des Lebens« die größten sind. Die eigenen homoerotischen Sehnsüchte sublimiert Thomas Mann allerdings lieber ästhetisch in seinem Werk, etwa in *Tod in Venedig*. Im wahren Leben herrscht Ordnung. In der Familie sind alle, die alt genug sind, trotzdem im Bilde. Vor allem Ehefrau Katia, mit der er lange eine zärtliche und zeitlebens eine innige Beziehung führt.

Monika bewundert Talent und Mut des großen Bruders. Sie liebt Klaus sehr, weil er »so nett« ist, vor allem zu ihr, und außerdem »bei aller Mondänität völlig unsnobistisch« – aber ihre Welt ist das alles nicht. Ihre erste Liebe ist ein Bauernsohn aus dem Allgäu, Charly. Mit ihm erlebt sie harmlose Vergnügen wie Fasching, ganz ohne Morphium. Es berauscht sie genug, wenn Charly und sie sich in der kalten Februarnacht auf der Rückfahrt im Taxi aneinander wärmen.

Zu Monikas Münchener Freundinnen gehört auch Kadidja Wedekind. Als jüngste Tochter des hochtourigen Frank Wedekind und seiner Frau, der depressiven Schauspielerin Tilly Wedekind, sowie als Schwester der gefeierten Pamela hat Kadidja einen illusionsfreien Blick auf Künstlerfamilien. Thomas Mann nimmt die beiden 18-jährigen Mädchen eines Abends im Auto mit, sie wollen ins Theater. »Thomas, müde in die Polster zurückgelehnt«, spricht nach Kadidjas Erinnerung »einige wohlgeformte Sätzchen. Es hatte etwas unendlich Trauriges, wie er so wohlhabend und berühmt in seinem Auto einer großen Gesellschaft entgegenfuhr.« Auf dem Rückweg klagt Moni der Freundin ihr Leid: »Sie friste ein trauriges

Dasein. Die Großen seien berühmt, die Kleinen ulkig, aber die Mittleren seien doch einfach überflüssig, zumal der Bruder und die Schwester nicht recht zueinander passten. Sie hat nicht ganz Unrecht, es ist traurig, aber man muss die Gabe haben, sich in Szene zu setzen, sonst wird man übergangen.«

Sich in Szene setzen? Auf Kommando performen, das ist leider das Letzte, was Monika liegt.

Ab 1930, sie ist 20 Jahre alt, lebt sie mal in München und Frankfurt, mal in Berlin. Dorthin fährt sie mit ihrer »Opelette« zu den Pringsheim-Verwandten, die am Bayerischen Platz wohnen. Monika studiert nach ihrer Erinnerung in Berlin »das Pianoforte«, abends startet sie in die Stunden von rotem Licht und Nachtmusik. Sie genießt das Schweben im »gewichtlosen, glücklichen Zwielicht«, in dem es keinen Alltag und keinen Erwartungsdruck gibt, es ist ein Bohème-Lebensgefühl, ohne Drogen und Verzweiflung.

Oft landet sie in der Charlottenburger »Jockey-Bar«, in der ganz Berlin verkehrt, auch Marlene Dietrich und Erich Kästner. Dort taucht sie in einer Winternacht mit einer Freundin auf, in Pelzjäckchen und Baskenmütze, den Ledergürtel in der Taille so eng, dass sie kaum schnaufen kann, und flirtet mit dem Pianisten. In den Pausen tanzt er mit ihr, vor der Sperrstunde wechselt er von Jazz zu Bach, und im Morgengrauen klettert er neben ihr in die »Opelette« und fährt mit ihr durch die Nacht, »und es war uns so leicht, so leicht, weil wir nicht geschlafen hatten und weil wir uns liebten«.

Dann ist es 1933, und der Pianist der »Jockey Bar« flieht vor den Nazis nach Schanghai.

Am 30. Januar wird Adolf Hitler zum Reichskanzler der Weimarer Republik ernannt. Am 27. Februar 1933 brennt der

Reichstag in Berlin. Fünf Wochen nach der Machtergreifung finden die Reichstagswahlen statt.

Gegen Thomas Mann liegt ein »Protest der Richard-Wagner-Stadt München« vor, weil er in einem Vortrag den von den Nationalsozialisten vereinnahmten Komponisten als morbid verunglimpft haben soll. Schon vorher ist er als Gegner der radikalen Rechten laut geworden. Seine politisch wachen Kinder Klaus und Erika sind längst davon überzeugt, dass die Familie einem faschistischen Deutschland den Rücken kehren muss. Bald werden Konten, Autos, das Haus in der Poschingerstraße konfisziert, es gibt auch einen »Schutzhaftbefehl« gegen Thomas Mann: Bei einer Rückkehr nach München würde er verhaftet werden.

Aber er und Katia Mann, mit jüdischen Vorfahren ohnehin gefährdet, halten sich schon nicht mehr in Deutschland auf. Von ihrem Winterurlaub in Arosa kehren sie nicht zurück und reisen stattdessen weiter nach Sanary-sur-Mer, Südfrankreich, um zu überlegen, wie es weitergehen soll.

Ende Mai 1933 trifft Monika bei den Eltern an der Côte d'Azur ein – und befindet sich ab jetzt im Exil.

Capri und Campari

»Sag mal«, fragt der Dirigent Bruno Walter, »Capri, ist das nicht furchtbar klein? Und stößt man da nicht immer wieder an denselben Ort? Wie kannst Du da immer nur sein, wie machst Du das?«

Juni 1955, das große Dinner zu Ehren von Thomas Manns 80. Geburtstag im Schauspielhaus Zürich. Bruno Walter, in Vor-Exilzeiten im Münchener Herzogpark Nachbar der Familie Mann, später Familienfreund, noch später heimlicher Geliebter der ältesten Tochter Erika, ist eigens aus Kalifornien eingeflogen und hat für den Freund die »Kleine Nachtmusik« von Mozart dirigiert. Jetzt sitzt er bei Tisch neben Monika Mann. Konversation muss sein, und über seine alte Affäre mit Erika wird er wohl nicht plaudern wollen, also: Capri.

Bruno Walter spricht aus, was sich alle fragen. Wo ist sie da eigentlich gestrandet? Wie kann sie sich nur auf einer primitiven Insel verstecken? Und was macht sie da bloß den ganzen Tag?

Ganz einfach: Monika hat zum ersten Mal in eine Art kreativen Flow gefunden und einen Teil ihrer Memoiren fertiggeschrieben. Im Zuge ihrer »Selbstbefreiung« hat sie sich mit der Vergangenheit befasst, hat erinnert, was sie begleitet, auch das, was sie vergessen möchte. Viel nachgedacht hat sie auch über den Vater, den sie liebt und an dem sie leidet. Aber davon kann sie heute Abend, auf seinem Ehrenfest, nicht sprechen.

Ja, Capri ist klein, misst nur ein Zehntel der Inseln Formentera oder Santorin. Aber allein das Farbspektakel, das Capri in ihrem ersten Sommer präsentiert! Das Meer zeigt jetzt Edelsteintöne von Topaz über Smaragd zu Türkis. Die Bougainvillea-Blüten wuchern die weiße Fassade der Villa Monacone empor, bedecken sie mit knalligem Pink und kontrastieren mit den dunkelblauen Fensterläden. Am Feigenkaktus im Garten reifen die stacheligen Früchte, die man nur mit äußerster Vorsicht pflücken und öffnen kann. Und sie beginnt ihre Verteidigungsrede.

Zum einen sei Capri mit seinen zehn Quadratkilometern gar nicht klein, sondern so groß, dass sie die Strecken beim besten Willen nicht erlaufen könnte, sagt sie. Außerdem sei die Insel wahnsinnig schön: Wetter, Licht, Stimmung wechselten täglich und aufreizend inspirierend. Monoton seien doch eher die Metropolen wie London oder New York, nicht? Das Meer sei pure Weite und Offenheit, man fühle sich in der Unendlichkeit zwischen Himmel und Wasser und gleichzeitig im Zentrum vollkommender Ruhe.

Was die Neu-Capresin nicht erwähnt, weil es keine Rolle für sie spielt: Capri entwickelt sich gerade jetzt, ab Mitte der Fünfzigerjahre, zum Geheimtipp des *Dolce Vita* und zur Destination für den internationalen Jetset und für Künstler. Der Schriftsteller Graham Greene besitzt ein Haus im höhergelegenen Ort Anacapri, wo er nach eigenen Worten in vier Wochen mehr Literatur schafft als anderswo in sechs Monaten. Jean-Paul Sartre verbringt mit Simone de Beauvoir einen

Monat auf der Insel und verzehrt mit, wie Tischnachbarn beobachten, »unintellektuellem Appetit« große Portionen Parmaschinken mit Melone.

Die Hollywood-Schauspielerin Audrey Hepburn macht in den Fünfzigern Ferien auf Capri, ebenso Elizabeth Taylor, auch die italienische Kollegin Sophia Loren, die hier mit Clark Gable *Es begann in Neapel* dreht. Die französische Nouvelle Vague folgt: In der futuristischen Casa Malaparte, zehn Gehminuten von der Villa Monacone entfernt, entsteht Jean-Luc Godards Film *Die Verachtung* mit Brigitte Bardot, die in Drehpausen barfuß durchs Dorf läuft.

Der Fiat-Chef Gianni Agnelli landet mit dem Helikopter auf der Insel, der griechische Reeder Onassis kommt mit eigener Yacht. Die italienischen Modedesigner Pucci und Valentino holen die Fashionleute nach Capri, mit Schauen und Partys. Und der Hausfotograf dieses *Dolce Vita*, Slim Aarons, hat nach seinen Einsätzen als US-Kriegsbildreporter im Italien des Zweiten Weltkriegs sowieso beschlossen, nur noch an Stränden anzulanden, wo sich schöne Mädchen friedlich in der Sonne bräunen. Deshalb entstehen seine lebensfrohsten Fotos ab Mitte der Fünfziger an der Amalfiküste und auf Capri: gesunde Körper am Pool, Lunch *al fresco*, Mensch und Landschaft in sinnlicher Symbiose.

Den Sirenengesängen, denen Odysseus der Sage nach im Golf von Neapel noch widerstand, erliegt die Prominenz des Mid Century zuhauf, sobald sie sich Capri nähert. Dann sitzt sie im Café auf der Piazza und bestaunt folkloristische Kuriositäten wie den Stier, der einmal im Jahr am Strick über den Platz gezerrt wird, um die Kühe des Bauern am Tiberiusberg zu decken.

Dem Treiben bei *spaghetti al limone* und Weißwein mag sich Monika Mann nicht anschließen. Bei dieser Art Theater bleibt sie Zuschauerin, teils aus Unlust, teils aus einer sich vertiefenden Menschenscheu. In einem frühen Feuilleton, das auf Capri entsteht, schildert sie eine ruhige Aperitivo-Stunde mit einem Gast. Ein Helikopter knattert ihnen ins Gespräch: Charlie Chaplin landet mit seiner Frau Oona, der Tochter des amerikanischen Dramatikers Eugene O'Neill. Für die sieben Kinder, die sie inzwischen von Chaplin habe, sehe Oona gut aus, meint der Begleiter. Monika: »Und die Tochter von O'Neill zu sein, scheint sie auch leidlich zu überstehen.« Nach dieser maliziösen Bemerkung über das Elend von Genie-Sprösslingen widmet sie sich weiter ihrem Campari.

Es gibt gesellschaftlich paritätische Begegnungen für Monika, aber sie führen nicht zu tragfähigen Beziehungen. Einmal wird Monika von Edwin Cerio, einstigem Bürgermeister Capris und Architekt, sowie seiner Frau Claretta in deren Palazzo zu einem Konzert eingeladen. Das Paar ist Fixstern der Intellektuellenszene mit Bekannten wie Pablo Neruda und Alberto Moravia. Nach dem Konzert kritisiert Monika Akustik, künstlerisches Niveau, eigentlich »fast alles«, und verhält sich nach Erinnerung von Claretto Cerio so überheblich, dass der Kontakt verkümmert.

Auch den schriftstellernden Besitzer der Casa Malaparte, Curzio Malaparte, bürgerlich Curt Erich Suckert, sieht Monika nur von ihrer Veranda aus. Immer dann, wenn er an der Villa Monacone vorbeigeht in Richtung seiner »casa come me: triste, dura, severa«. Traurig, hart und streng wirkt er tatsächlich in Begleitung einer »keifenden Dackelin und einer exotischen Maitresse«. Monika spricht ihn lieber nicht an. Der seltsame

Mensch ist ohnehin nur selten da und wird sein seltsames Anwesen 1957 der Jugend der Volksrepublik China vererben.

Monika schätzt die absolute Anonymität, die sie auf der Insel genießt, schreibt sie dem Schriftsteller und Capri-Kenner Werner Helwig: Dies gebe einem alle Chancen.

»Jeder Gassenbub kennt meine Adresse«, weiß sie, aber ihre Ruhe hat sie trotzdem: Die Capresen haben seit Jahrhunderten Erfahrung mit kultivierten Sonderlingen, die sich hier, fern von den Zwängen des Festlands, ihre eigene Welt erschaffen wollen.

Die Maler des 18. Jahrhunderts kommen wegen der Entdeckung der Blauen Grotte, die Engländer während ihrer *Grand Tour.* Die Russen erscheinen als politische Emigranten. 1906 bezieht der Schriftsteller Maxim Gorki, vom Zar verbannt, die Casa Rossa am Monte San Michele, an seiner Seite die schöne Schauspielerin Maria Fjodorowna Andrejewa. Die beiden bekommen Besuch von lach- und feierlustigen Landsleuten, was die Truppe den Inselbewohnern willkommen macht: Sympathisch sein, das zählt hier mehr als solide sein, und ein Unsympath gilt als *maledetto forestiero*, als verdammter Fremdling. Signor Drin Drin nennen sie einen der besonders netten Kerle, klein und mit einem Mongolengesicht. Berühmt wird er später unter dem Pseudonym Lenin und die Casa Rossa unter ihrem Beinamen »Wiege des Bolschewismus«.

Die Deutschen kommen allesamt als Romantiker, als was sonst. Der Dichter Rainer Maria Rilke schreibt hier im Winter 1906, der Industrielle Friedrich Alfred Krupp erholt sich in seiner Villa vom wilhelminischen Sittenregime. Frei leben will auch der Maler Karl Wilhelm Diefenbach. Er erreicht Capri

1899, in München frisch verurteilt wegen Erregung öffentlichen Ärgernisses. Diefenbach ist Vegetarier, Nudist und selbsterklärter Prophet eines alternativen Lebensstils, ein Früh-Kommunarde also, und heißt deswegen in Bayern »Kohlrabi-Apostel«. Auf Capri trägt er eine lange, weiße Tunika, huldigt der Sonne und schafft Monumentalgemälde, die Monika Mann nie erwähnt.

Auch das in viele Sprachen übersetzte Buch *Das Haus von San Michele* des schwedischen Arztcs Axel Munthe hat sie nicht gelesen, obwohl es weltweit zu einem erfolgreichen Bestseller avanciert. Es ist ihr fester Entschluss, das Inselleben als Gegenmodell zu ihrer intellektuellen Herkunft zu führen und sich zu erlauben, Kultur-Musts einfach zu ignorieren: »God forgive me!«

Womöglich kennt sie auch die Geschichte des deutschen Aussteigers August Weber nicht, Sohn einer Münchener Beamtenfamilie und Großvater ihrer neuen Bekannten Claretta Cerio, obwohl es Parallelen gäbe. Weber absolviert als Maler mit mäßigem Erfolg die Kunstschule und gilt der Familie als Versager. Zu Fuß wandert er von Bayern nach Neapel, wo er sich 1883 ein Boot kauft und einfach losrudert, während die Fischer am Festland feixen. Völlig erschöpft erreicht er Capri, campiert in einer Höhle und beschriftet die Felsen mit surrealistischer Lyrik. Dann heiratet er ein Mädchen von der Insel und gründet nicht nur eine Familie, sondern auch eine legendäre Strandpension im Küstenörtchen Marina Piccola. Der Liebe zu weisen Nonsense-Versen bleibt er treu: »Liebe ist das allerbest – schon seit alter Zeit gewest. Wenig geb ich für den Rest.« Er ist auf Capri sehr glücklich geworden.

Ja, die Insel, sie »frägt einen besonderen Typ«, wie Monika

erkannt hat. Sie ist Zufluchtsort für Revoluzzer, Träumer und Versehrte. Ein Symbol für die Sehnsucht nach Liebe und Isolation. Vielleicht besonders für die Sehnsucht nach Frieden mit dem Ich.

»Capri ist ein blaues Irrenhaus, wo der Mensch sich selbst finden kann«, glaubt der anarchistische Berliner Künstler Willy Kluck, der sich in einen steinernen »Einsamkeitswürfel« auf Capri zurückgezogen hat.

Monika Mann lebt in einer Einsamkeitsvilla.

Die Villa Monacone hat über die Jahrzehnte schon vielen Mietern Raum für Rückzug und Selbstfindung geboten. Unter ihrem Dach, so schreibt Claretta Cerio, »gaben sich verschiedene Nationalitäten, fixe Ideen, vom Schicksal gebeutelte Lebensläufe, mehr oder weniger erfolgreiche Künstler, verkrachte Existenzen, Heimatvertriebene und andere Varianten von Menschlichem und Allzumenschlichem die Klinke in die Hand«: Russen, die vor der bolschewistischen Revolution von 1917 geflohen waren, hochgebildet und bettelarm, die bei Tee aus dem Samowar ihrer verlorenen Heimat nachtrauerten. Ein französischer Heiligenporträtist, der nie Kunden für seine Gemälde fand. Der Künstler Oskar Kokoschka mit seiner Geliebten Alma Mahler, der nachts, wenn Alma schlief, müde vom Wandern und der Liebe, die Räume mit expressionistischen Fresken ausmalte. Als er abreiste, übertünchte Spadaro senior die »Schmierereien« wütend mit weißer Farbe, aber ein kleines Fleckchen Kokoschka soll noch lange durchgeschimmert haben.

Welch ein Zufall, dass Monika ausgerechnet in dieser Villa gelandet ist. Sie offeriert die spektakulärste und schönste Lage, die ein Haus auf Capri haben kann: Kein Hotel bietet die Faraglioni-Felsen so zum Greifen nah. Aber die Villa Monacone ist auch ein weißer Meditationsraum zwischen Himmel und Meer. Man muss Nerven haben, um diese Ruhe auszuhalten, denn sie zwingt zur Innensicht.

»Wenn Sie tun könnten, was Sie wollen: Wohin würden Sie fahren? Was möchten Sie sich am liebsten einmal ansehen?«, fragt das Institut für Demoskopie in Allensbach Mitte der Fünfziger die Bürger der jungen Bundesrepublik Deutschland, die mit dem Wirtschaftswunder zu reisen beginnen. Ein millionenfach verkaufter Schlager dieser Zeit gibt die am häufigsten genannte Antwort: Capri, wo die rote Sonne im Meer versinkt.

Monika Mann ist schon da. Sie fühlt sich sicher und beschützt in ihrer kleinen »Miniaturwelt«, die sich um die große Welt nicht schert: »Uns Romantikern, die wir die Romantik fürchten, ist die isolare Schranke Beruhigung und Trost.« Das Meer pocht an die Insel »wie teurer Besuch aus der Ferne. Und dies Inselland ist wie eine einzige hohe, heitere Festung in einer zerrinnenden Welt …«

La Scrittrice

Im Mai 1956 landet Post von Erika auf Capri an. Eher nicht freundlich wie »teurer Besuch aus der Ferne«, mehr wie ein Einschüchterungskommando.

Im Jahr zuvor ist Thomas Mann gestorben, kurz nach seinem 80. Geburtstag. Bei der Beerdigung in der Zürcher Gemeinde Kilchberg ist Monika Mann in hinterster Reihe zum Grab geschritten, nach Katia, Erika, Elisabeth, Golo und Michael sowie Lieblingsenkel Frido. Die an diesem Tage besonders welligen Haare, die ihren Vater immer so gestört haben, hat sie mit einem feinen schwarzen Tuch gebändigt.

Jetzt haben deutsche Verlage gleich zwei Erinnerungsbücher seiner Töchter über ihn angekündigt: eines von Erika Mann mit dem Titel *Das letzte Jahr. Bericht über meinen Vater*, eines von ihrer Schwester Monika, *Vergangenes und Gegenwärtiges*. Die Ankündigung von Monikas Verlag zeigt ein Foto des Schriftstellers auf dem Cover und lockt: »Die Tochter von Thomas Mann erzählt vor allem vom Vater. So persönlich, so unmittelbar und mit solcher Eindringlichkeit ist Thomas Mann noch nie gesehen und geschildert worden.«

Das geht natürlich gar nicht. Wenn hier eine Tochter legitimiert ist, sich zu erinnern, dann Erika, die gemeinsam mit der

Witwe Katia Mann im Elternhaus in Kilchberg lebt, den »Zauberer« auf Vortragsreisen begleitete und seine Texte und Reden redigierte.

Erika schäumt. Sie fordert in ihrem Brief, Monika solle »noch heute« ihrem Verlag verbieten, mit dem berühmten Vater zu werben: »Deine Autobiographie muss auf eigenen Füssen stehen, wenn sie denn stehen will. Z.s Beziehung zu Dir war durchaus unvermögend, auch nur einer Seite dieses Buches Inhalt und Gewicht zu geben, und ein Akt tiefer Unredlichkeit wäre es, wolltest Du – wie es nach den Anzeigen und Vorabdrucken (…) den Anschein hat – mit einem Pfunde wuchern, das Dir niemals gehört hat.« Dass es so aussähe, als wollten nun gleich *zwei* von Thomas Manns Töchtern aus dessen Tode publizistischen Nutzen ziehen, würde zu Gerede führen: »Nein, wirklich, dies Ganze ist ekelhaft!«

Datiert ist der Wutbrief nicht etwa auf den 7. Mai 1956, sondern auf: 1945. Eine aufschlussreiche Fehlleistung der mehr und mehr von Alkohol, Medikamenten und anderen Stimulanzien abhängigen Erika, die bis Kriegsende ihre rhetorische Schärfe als Waffe gegen den Faschismus einsetzen konnte und der seither die Stoßrichtung fehlt. Als »bleicher Nachlassschatten«, so wird sie sich demnächst zynisch nennen, besteht die Aufgabe der 50-Jährigen im Verwalten des Werks des verstorbenen Vaters und des toten Bruders Klaus. Eigene Projekte fehlen mehr und mehr.

Monika geht auf die Kränkung, für »Z.«, den Zauberer, nur eine Tochter zweiter Klasse gewesen zu sein, gar nicht ein. Stattdessen beschwichtigt sie. Wie immer, wenn unsicher, rutscht sie ins Verquaste, was die Familie zu Augenrollen über die »verfehlt poetischen« Formulierungen veranlasst: »Liebe

Eri! Warum sich an die Schuld klammern? Und wäre sie ein eiserner Knoten, würde sie am Mißlichen jener Coinsidenz etwas bessern oder ändern? Es fügt sich, dass der Knoten aus Asche, ein Gespinst, ein Nichts ist …« Sie sei ja auch nicht erfreut über die Angelegenheit, fährt sie ganz vernünftig fort, aber erstens sei doch klar, dass auch in ihren Erinnerungen der Vater nicht unerwähnt bleiben würde, und zweitens habe sie von Marketing und Umschlaggestaltung des Verlags nichts gewusst. Sie habe bereits lange vor Thomas Manns Tod mit der Arbeit begonnen. Und was sei denn im Grunde geschehen? »Steht nicht jeder für sich selber ein, hängen wir denn von dem (eventuellen) Gerede ab? Ist nicht ein bisschen Humor am Platz?«

Dann kommen beide Veröffentlichungen heraus und es geschieht das Unvorstellbare: Monikas *Vergangenes und Gegenwärtiges* wird in seriösen Rezensionen mit Erikas Erinnerungen verglichen – und gilt als das bessere Buch.

Kritiker finden ihren Ton gelegentlich etwas pseudophilosophisch, aber eigenwillig und ihre Beobachtungen ziemlich aufschlussreich. Während Erika den Vater als Dichterbüste auf ein Podest stellt, versucht Monika, seine Distanziertheit wirklich zu ergründen. Diese kritische Nachdenklichkeit verschafft ihr Respekt. Tatsächlich spricht Monika in ihrem Debüt als Erste an, was Literaturwissenschaftler thematisieren werden: die Thomas Mann'sche Einheit von Leben und Werk. Die Disziplin, mit der hier einer im Leben die triebhaften »Hunde im Souterrain« bändigte, damit ein Werk entstehen konnte, in dem Verbotenes künstlerisch verarbeitet wird, ist der stillen Beobachterin nicht entgangen: »War nicht – wie sein großes Epos – auch sein Leben von der Form beherrscht, so sehr, dass es gleichsam mehr gelebte Form als geformtes Leben war?« Was ihr auch nicht entgangen ist: das Vergnügen des Vaters an einem »sonnenbraunen Jüngling von schönem Wuchs« am Strand von Nidden, der sich von früh bis spät im Laufen übt, beim Speerwurf, beim Radschlagen, und den der Vater als pure »Körperfreude« bestaunt. Wer zwischen den Zeilen lesen will, versteht eine subtile Andeutung.

»Mit großem Mut« sei Monikas Buch geschrieben, findet der Schriftsteller Oskar Maria Graf. Mit derselben »Scharfsicht«, die er ihr in seiner Kritik attestiert, liest er aus ihrem Text heraus, dass man sie daheim nicht ernst genommen habe. Wahrscheinlich, so überlegt er, sei die Capri-Aussteigerin Monika eben das, was ihr kontrollierter Vater selbst gerne gewesen wäre: ein Bohemien. Graf: »Rebellische Selbstbehauptung, störrisches Ressentiment, schneller Verstand und ein äußerst geschärfter weiblicher Instinkt wirken bei ihr zusammen und führen zu überraschend eindringlichen Beobachtungen, (…) die sie ausgezeichnet formuliert.« Kurz: Monika habe das interessantere Buch der beiden Töchter geschrieben. Im Vergleich erscheine Erikas Buch als sachliche Chronik, »wichtig für Literaturwissenschaftler«.

Das sitzt. Ausgerechnet weiblicher Blick und Störrigkeit, zwei Eigenarten also, die Monikas Angehörigen an ihr besonders auf die Nerven gehen, sollen sie zu einer »ausgezeichneten« Erzählerin machen, die ihre Sprache »in voller und reizender Willkür« gebraucht? Und die souveräne Erika steht da wie ein marmorkalter, »hölzerner Franz«? Völliger Unsinn, findet Katia Mann.

Die Mutter zögert keinen Moment, wessen Partei sie ergreift. Ihrem Zwillingsbruder Klaus Pringsheim gegenüber nimmt sie kein Blatt vor den Mund, was das »dumme« Kind betrifft, dessen »unaufrichtiges, schiefes und illegitimes Buch« großen Erfolg habe, leider: »Mein Gott, was hat nicht alles Erfolg!« Sogar nach außen hält Katia die Fassade nicht mehr aufrecht. Einen Kritiker, der *Vergangenes und Gegenwärtiges* wohlwollend besprochen hat, korrigiert sie scharf: »Von allen sechs Kindern stand sie ihm am fernsten, und was an Tatsächlichem über ihn gesagt wird – viel ist es ja nicht – entspringt ausschließlich ihrer Phantasie.«

Nichts in Monikas Memoiren erzeugt bei der Mutter liebevollen Widerhall: nicht die Beschwörungen sattgrüner Kindersommer im Tölzer Landhaus, nicht die Dankbarkeit für gelebte Kultur im Elternhaus, nicht mal die Hommage an Katia selbst. Monika feiert in ihren Erinnerungen die mütterliche »Urkraft«, Katias Ungestüm und Witz, ihre Lust an Tempo und Moderne, die ihr weit mehr ermöglicht hätte als die »Gattin- und Muttermission«. Doch »letzten Endes kann niemand gegen seinen Willen fünfzig Jahre lang etwas so vollendet sein, was er nicht ist, und so hat meine Mutter letzten Endes *dies* Leben gewollt«. Kein Leben als sich selbst verwirklichende Frau also, sondern als Stütze des Stars dieser Familie und als emotionales Oberhaupt seiner Sippe.

Monika denkt über Katia nach, nicht nur als Mutter, sondern auch als Frau und als Mensch. Katia sieht die 46-jährige Monika nur als Kind, als ewig »widriges Mönle«, das ihr Ärger macht.

Widrig ist jetzt, dass Monika ihre Schwester Erika in Raserei versetzt hat. Als wäre diese für Katia nicht ohnehin eine problematische Mitbewohnerin im »Kilchberger Witwenschloß«: »maßlos empfindlich und mißtrauisch«, unfreundlich gegenüber den Geschwistern und besonders eifersüchtig auf Elisabeth, die nicht nur Katias »Herzensdingerle« ist, sondern mit Kindern, Arbeit und neuem Lebensgefährten ein erfülltes Leben führt. Aber wie soll Katia die tobende Erika zur Vernunft bringen, nachdem sie sie über Jahrzehnte zur paritätischen Vertrauten aufgebaut hat? Zu spät. Und was Monika betrifft, ist das »Mielein« ja ganz Erikas Meinung, die über das »Meisterwerk von Moni« ätzt und droht, »*mutig* ist die Dame«.

Wie reagieren die anderen Geschwister auf Monikas Bucherfolg? Eher nicht mit Gratulationen.

»Wie die Wölfe« falle die Familie über sie her, schreibt Monika Mann ihrer Bekannten, der Literaturwissenschaftlerin Anna Jacobson im Sommer 1956. »Ach!«, klagt sie ihrem Freund Hermann Kesten, »tu ne peux pas imaginer, was das unschuldige Buch für ein Kreuz in der Familie kreirt hat.« Da lebe sie auf der »Insel der Inseln« und werde selbst hier heimgesucht vom »Toches« – dem hebräischen Wort für einen Tritt in den Hintern. »Verstoßen« fühle sie sich.

Dennoch, im Juni 1956 verlässt Monika das allmählich glühend heiße Capri in Richtung Sommerfrische: erst Schwarzwald, dann Schweiz. Antonio bringt sie in Neapel zum Zug, wo sie beim Abschied in Tränen ausbricht. Monika fürchtet die Trennung und sie fürchtet das Wiedersehen mit der Familie in Kilchberg. Aber sie erzwingt es auch, denn sie will retten, was zu retten ist. An Erika hat sie zuvor geschrieben, sie fände das Meiden des Elternhauses absurd und traurig, zumal sie gehört habe, die Ältere wolle ihretwegen abreisen. »Ist das Versteckenspiel unserer würdig? I ask.«

Ein Erfolg wird das erste Treffen nach dem Streit nicht. Katia Mann erwartet ihre verlorene Tochter nicht mit offenen

Armen. Freude über den Besuch ist nicht überliefert, wohl aber wütende Worte über das ihr »recht sehr verleidete Kind«. Monika äußert sich nicht zur ablehnenden Haltung der Mutter. Was nicht ausgesprochen wird, kann man vielleicht verdrängen. Dem Münchener Freund Richard Raupach berichtet sie nur, in Kilchberg herrsche keine Harmonie, »was von meiner älteren Schwester gewollt ist. Sie ist zwar Feindin der atonalen Musik, aber liebt die atonale Stimmung im Geschwisterlichen.« Manche Menschen beziehen ihre Energie aus dem Konflikt, Erika gehört womöglich dazu.

Anschließend fährt Monika weiter nach Florenz zu ihrer Schwester Elisabeth Mann Borgese und kann sich da angucken, wie heitere Abnabelung von der Familie aussieht. »Medi« regiert in ihrem von Zypressen und Pfirsichbäumen umgebenen Haus wie eine *duchessa* und empfängt Freunde aus Politik, Wissenschaft und Kunst zum Cocktail. Von Spannungen mit Erika lässt sie sich bestimmt nicht die Laune trüben, da schüttelt sie sich einmal und antwortet gelassen etwas wie: »Was Deine überraschenden Vorwürfe anbetrifft, so haben sie mich eben überrascht und geschmerzt, ich ziehe aber vor, nicht darauf einzugehen.« Aber Elisabeth weiß eben auch die Mutter an ihrer Seite, und für Katia ist die sonnige Jüngste »in some way, really my best child«.

Monika sehnt sich nach Antonio. Am liebsten würde sie ihm ja täglich schreiben, wenn sie fort ist. Ein Feuilleton für die Schweizer Zeitung *Der Bund* aus diesem Jahr liest sich wie ein Liebesbrief. Sie stellt sich vor: Er holt ihr mit blauer Tinte verfasstes Schreiben ab. Auf dem Weg zur Post in Capri trägt er »den Pullover mit dem Rollkragen«, er pfeift, Wind weht ihm das Haar in die Stirn. Ein Hund bellt. Er öffnet den Umschlag, »ein bisschen Duft, ein paar Zeichen meines Seins – ein Brief, ein Nichts«. Und doch etwas, worin sie ihm »über das große unverständliche Leben hinweg« sagen möchte: »Du brichst durch Raum und Zeit Ideen wach und weckst mein Herz.«

Auf Antonios Post wartet sie ungeduldig, ihr ist »schwer ums Herz ohne seine Nachricht«. Ihrem Vertrauten Rolf Schott sagt sie: »Ich finde keinen Frieden, bis er nicht schreibt.« Ihre Seele ist »gemartert«, bis sie wieder von dem Menschen hört, von dem sie weiß: Er will ihr Gutes. Wenn sie nicht bei ihm auf Capri ist, hat sie keinen festen Boden unter den Füßen. Ihre Sehnsucht nach Antonio ist in allen Briefen, die sie ihm über die Jahre schreibt, ihre wichtigste Botschaft an ihn: »Ohne Dich fühle ich mich alleine – jeden Abend, während ich in den Wäldern von Kilchberg spazieren gehe, möchte ich für Dich einen leckeren Salat vorbereiten und Dir schöne Sachen erzählen«. »Carissimo T O N I« wird sie ihm als Anrede auf dünnes Briefpapier malen, »vergeblich versuche ich, mich einzuleben. Es scheint, dass ich ohne Dich nicht sein kann. Es scheint, dass mir alles fehlt. Ich kann das Schöne nicht genießen, ich muss ständig diese Schwere der Einsamkeit bekämpfen.« Gezeichnet: »Tua Monascella«. Wenn endlich Post von ihm eintrifft – welch ein Glück: »Heute Morgen bekam ich Deinen Brief – als ich ein Lächeln suchte«.

Denn offenbar schickt er so schöne Briefe! Ermutigende Zeilen wie: »So che sei una farfallina e che devi volare libera« – ich weiß, Du bist ein kleiner Schmetterling und musst frei fliegen. Diesen Brief trägt Monika bei sich und nimmt ihn wieder mit nach Capri. Nach Hause.

Dort hat jetzt im Oktober die schönste Jahreszeit begonnen. Das Licht wird zu goldenem Dunst, die Insel zum stillen Refugium ihrer Schützlinge. Die Kiesstrände sind leer, auf der Via Pizzolungo gehen nur Katzen spazieren. Das Gestein hat die Sommerhitze gespeichert. Für die kühlen Abende steht ein neuer Ofen in der Villa Monacone bereit, den Antonio in Sorrent an der Amalfiküste gekauft hat. Seine »Monascella« soll nicht mehr frieren, wenn sie am Schreibtisch sitzt, trotz mehrerer Schichten Socken, Hosen und Pullover.

Denn dass sie weiterschreiben will, steht fest.

Schreiben, das heißt ja auch, verstehen zu wollen, was man fühlt. Und Monika Mann geht es um Gefühl, nicht um Sprache. Die sei nicht in ein formales Korsett zu zwingen, findet sie: Die *eine* Sprache existiere nicht, »es gibt Wörter. Das Sein gebiert die Sprache«, und da es nicht ein Sein gebe, sondern unendlich viele, sei auch Sprache »wie jeder Ausdruck – Lachen, Weinen, Schweigen, Singen – ein *Seiensteil* und *individuell* und eines jeden Eigentum und Werk und Geheimnis«. Jeder, findet sie, hat das Recht, sich auszudrücken. Ausgerechnet am 6. Juni 1956 postuliert sie dies in einem Brief an Rolf Schott, am ersten Geburtstag des Stilisten Thomas Mann nach seinem Tode, und das symbolträchtige Datum macht aus dieser Behauptung durchaus eine »Selbstbefreiung« der Schriftstellerin Monika Mann. Und eine Schriftstellerin ist sie wohl jetzt. Sie hat es schwarz auf weiß:

MONIKA MANN – SCRITTRICE

steht in Versalien auf einem Schild, das Antonio ihr an ihre blau gestrichene Eingangstüre der Villa Monacone schraubt, die mit einem Fliegengitter gegen unerwünschte Eindringlinge gesichert ist. Davon gibt es hier viele, neben Mücken und Fliegen auch schwarze, fingerlange Würmer, die sich noch an

Herbstabenden auf dem Steinboden der Terrasse winden. Selbst Eidechsen kommen herein und kleben dann an der Fensterscheibe im Bad, wo man sie vorsichtig mit einem Handtuch abnehmen und nach draußen tragen muss. Was soll man machen, das ist der Süden.

Monika tut, als lächle sie über Antonios Überraschung, aber sie freut sich.

Die Resonanz auf *Vergangenes und Gegenwärtiges* öffnet ihr die Tür zu einer regen Publikationstätigkeit. Ihr Debüt erscheint sogar in einer englischsprachigen und spanischen Ausgabe. Monika Mann hat ihren eigenen Sound gefunden, der »kleine Bilder, abgerissene Begebenheiten und Gedanken« festhält, »Scheinbar-Nichtiges, im Licht der Ewigkeit«.

Ihr Stil, das sind impressionistische Skizzen und meditative Beobachtungen. Sie handeln von den Kindern Capris, die einander »bei langen tönenden Namen« rufen, die »im Glockenläuten und Duft von Ölgebackenem« zu den steilen Behausungen eilen und Rufe ausstoßen, »die wie Glaskugeln zusammenklingen im Dunkel des Immergrüns«. Von Monikas Traurigkeit, monoton wie »Regen im Tannendunkel«. Vom nahenden Alter, wo »du dann mit schlurfendem Fuß die Gedanken vor dir her schiebst, die Gedanken und die Märchen wie die gefallenen Eicheln«, Gedanken, die man hin und her kickt, in sich selbst versunken. Von »goldenen Kornsoldaten« im August und deren stummer Ankündigung, »dass der Sommer gleich in Stücke bricht«.

Manchmal lässt sie im Gewölberaum der Villa Monacone ihr Metronom laufen, und aus diesem einförmigen Tick-Tack ergibt sich für sie Musik, die die Stille ordnet. Genau so schreibt sie Aphorismen und kurze Prosa, ganz im Jetzt. In ihren Briefen an die Familie hat sie sich immer wieder mit vielen Ausrufezeichen, Überschwang oder Hast zu erklären versucht – und doch keine gemeinsame Sprache gefunden. In ihren Momentaufnahmen lässt sie poetische Bilder für sich sprechen.

Das kann man erratisch bis einfältig finden, und das tut man in Kilchberg auch. Man kann in manchen luziden Zeilen aber auch die gar nicht so leichte *musica leggera* klingen hören, deren Liederszene gerade in Italien aufblüht. Auch deren poetische Kunst besteht genau darin, in beiläufigen Erlebnissen wie dem Geschmack des Meeres im Mund, *sapore di sale, sapore di mare,* gleich die ganze Bitterkeit der Vergänglichkeit schmecken zu lassen.

Was Monika auch liegt: messerscharfe Miniatur-Porträts. Wie viele stille Menschen beobachtet sie genau. Zum Beispiel Alma Mahler-Werfel, die mondäne »La-Grande-Veuve-von-Gestern. Durch den Staub funkelt's.« Oder Komiker Charlie Chaplin, in echt und ohne Zelluloid »in Ermanglung von Agieren, Reagieren mit jeder Fiber – ein bisschen wie der Fisch im Trocknen«. Über ihren Vater Thomas Mann notiert Monika: »Er schont sich wie einen Sonntagsanzug / Stimmungen drohen seine STETIGKEIT zu unterminieren«.

Der Bucherfolg ermöglicht ihr regelmäßige Beiträge in deutschsprachigen Publikationen, meist in Schweizer Zeitungen, hin und wieder auch in der italienischen Zeitung *Il Mundo*, in der Tageszeitung *Welt* oder später in *Konkret*. Insgesamt 500 Feuilletons und fünf Bücher werden auf Capri entstehen. Nicht, dass sie darauf angewiesen wäre. Nach dem Tode des Vaters profitiert sie, ebenso wie ihre Geschwister, von jeweils 15 Prozent der Thomas-Mann-Honorare. Der

S. Fischer Verlag zahlt an jedes der fünf Mann-Kinder allein in den Jahren 1956 bis 1960 rund 38 000 Mark pro Jahr. Zum Vergleich: Ein deutscher Universitätsprofessor erhält etwa 25 000 Mark jährlich, und Capri ist noch günstig.

Es finden sich keine besonders stolzen Zeilen Monika Manns über ihre schriftstellerische Tätigkeit. Freunden lässt sie ihre Memoiren vom Verlag schicken, verbunden mit zaghaften Worten: »Haben Sie mein Buch bekommen? Haben Sie es gelesen? Hat es Ihnen gefallen? Es liegt mir sehr viel an Ihrem Urteil!« Sie schickt Entwürfe, bittet um Feedback.

Die Kränkung der Unterschätzung sitzt tief, hat ihr doch damals der Vater in ein Exemplar des *Doktor Faustus* geschrieben: »Für Mönchen, sie wird es schon verstehen«. Das tat weh. Die Eltern wollten nicht unbedingt, dass ihre Kinder Literaten oder Künstler würden. Über Monika ließ Thomas Mann gegenüber Elisabeth die Bemerkung fallen: Musikerin zu werden, habe sie probiert, Malerei habe sie versucht, beides vergeblich, nun versuche sie es eben mit dem Schreiben … Schriftsteller könne ja wohl jeder werden. Hat sich das bis zu Monika herumgesprochen in dieser eng verbundenen, einander heftig umklammernden, miteinander ringenden Familie?

Die Zweifel an Monikas Talent und Durchhaltevermögen, sie gehören zu ihrer Rolle im Familienkonstrukt. Sie rühren aus der Vergangenheit, vor allem aus dem Exil. Das weiß Monika selbst, denn gegen dessen Schatten kämpft sie immer noch an.

Das fahrende Haus

Im Sommer 1933 wird der südfranzösische Küstenort Sanary-sur-Mer an der Côte d'Azur zur Hauptstadt der deutschen Exilliteratur. In Cafés und Hotels besprechen die Emigranten Lion Feuchtwanger, Bertolt Brecht, Franz Werfel, Annette Kolb, René Schickele und andere die Lage in Nazi-Deutschland, wo im Mai 1933 in Berlin die Bücherverbrennung verfemter Schriften stattgefunden hat. Auch die Werke von Thomas Manns Bruder Heinrich und seines Sohnes Klaus sind symbolträchtig den Flammen übergeben worden. »Schade, dass wir sie nicht selber haben!«, ruft einer aus der Menge, Golo Mann hört es mit eigenen Ohren; er ist vor Ort.

Die Familie Mann hat in Sanary-sur-Mer die Villa La Tranquille angemietet. Alle Kinder haben es außer Landes geschafft, Monika ist Ende Mai eingetroffen. Beim Ausräumen und Einrichten des neuen Wohnsitzes hat Elisabeth »sehr fleissig« geholfen, notiert der Vater im Tagebuch: »Moni u. Bibi badeten«. Monika macht sich später wenigstens mit Fahrdiensten nützlich.

Die Familie hat so viel Gelder retten können, dass es auch im Exil an nichts fehlt. Thomas Mann, dessen Werke noch im Dritten Reich erscheinen, demnächst der erste Band von *Joseph*

Sommer im Exil: Monika, 23, mit unbekanntem Begleiter im französischen Sanary-sur-Mer, 1933

und seine Brüder, scheut die Lossagung von seinen deutschen Lesern und daher den finalen Bruch mit dem Hitler-Regime. Seine kämpferischen ältesten Kinder drängen ihn dazu. Sie haben sich positioniert: Erika Mann bereitet ihr antifaschistisches Kabarett »Die Pfeffermühle« vor, Klaus die Exil-Zeitschrift *Die Sammlung*. Wie »eine geköpfte Wespe« kommt der Vater Golo vor. Zappelnd, hilflos. »Ein seelisch verdorbenes Land«, schreibt Thomas Mann im Tagebuch: »Wie könnte und dürfte man zurückkehren.« Er leidet.

Aber für die jüngeren Kinder fühlt sich dieser provisorische Sommer an wie verlängerte Ferien. Auf einem Foto sitzt Monika Mann auf einem Felsen an der Mittelmeerküste, gutgebräunt im Badeanzug, mit sehr kurzem Haar, ein Lächeln im Gesicht. Ganz zufrieden sieht sie aus. Elisabeth und Michael musizieren fleißig und spielen dem Onkel Heinrich

Mann immer wieder sein Lieblingsstück vor, die »Cavatina« von Raff. Am Strand machen sich die Geschwister über skurrile Badegäste lustig und abends über Nelly Kröger, Lebensgefährtin und spätere Gattin von Heinrich Mann. »Die Kröger«, ehemalige Bardame, gilt als typische »Heinrich-Braut«: üppig, ordinär, über die Maßen weiblich. Am 24. Juli feiert die Familie dann den 50. Geburtstag ihres »Mieleins«. Nur Klaus kann nicht dabei sein, er arbeitet in Holland an der Exil-Zeitschrift.

Es gibt Gesellschaften wie das Geburtstagsfest von René Schickele, das Mann'sche Geschenk ist ein Delikatessenkorb, und Schickele berichtet in seinem Tagebuch vom Thomas' Auftritt, »ganz Senator, der Millionen umschlungen sein läßt«, sowie von Katias nervös vorgeschobenem Unterkiefer, weil sie »nicht zu Wort kommt«. Auch »Moni«, stets dabei und irgendwie auch nicht, fällt ihm auf: Sie »lächelt, mit einem Fuß noch im Dschungel«.

Am Ende dieses seltsamen Sommers sehnen sich Thomas und Katia Mann nach deutschem Sprachraum. Im Herbst 1933 übersiedeln sie mit Elisabeth und Michael in die Schweiz und werden bis 1938 in Küsnacht leben, eine halbe Stunde von Zürich entfernt. Elisabeth und Michael können hier die Schule besuchen, wie besessen Klavier und Geige üben und von einer Musikerkarriere träumen. Thomas Mann kann weiter an seiner *Joseph*-Tetralogie schreiben, während das dauernde Musizieren an seinen Nerven zerrt.

Es ist die belastbare Erika, die für ihre Eltern das schöne Küsnachter Haus in Hanglage und mit Seeblick gefunden hat. Nebenbei hat sie mit ihrer Geliebten Therese Giehse und anderen Ensemblemitgliedern das Programm ihrer »Pfeffermühle«

ausgearbeitet, politisch spitz und doch poetisch. Die Unerschrockenheit seines »kühnen und herrlichen Kinds« treibt Thomas Mann bei der Premiere in Zürich Tränen der Rührung in die Augen. Bald wird die »Pfeffermühle« auf Tournee gehen. Auch Klaus leistet derweil von Amsterdam aus mit seiner *Sammlung* einen so eindrucksvollen Beitrag gegen den Faschismus, dass das »vom Halbjuden Klaus Mann« herausgegebene Magazin von den Nazis als »das gefährlichste Reptil« bezeichnet wird. Golo unterrichtet als Lehrer in einem Seminar im französischen St. Cloud, später an der Universität Rennes.

Katia Mann ermutigt, korrigiert und orchestriert die große und so tätige Familie mit Worten und Briefen.

Nur Monika sitzt immer noch an der Mittelmeerküste in Sanary. Sie wollte es so. »Ganz allein«, erzählt sie später, ist sie im Herbst 1933 »in diesem Fischernest« geblieben und hat sich »ein Klavier und eine Hütte« gemietet. Sie übt, geht spazieren und immer noch schwimmen, denn das Meer ist warm vom Sommer. Ihrer Mutter schreibt sie ins frischbezogene Küsnacht: »Ja Grüß Gott, wie geht's denn, habts Euch schon gut eingewöhnt? Seid Ihr froh?« Sanary sei recht leer, Trauben teurer geworden, ihr Vermögen schwinde, »aber dafür ist es ja auch da«. In der Unterkunft müsse sie die Toilette mit anderen teilen und »hoffentlich wird's morgen endlich wieder schönes Wetter, die gute Bräune geht ja auch zum Teufel!«

Es sind Briefe wie dieser, die Katia daran zweifeln lassen, ob diese Tochter den Ernst der Lage verstanden hat und gedenkt, sich darauf einrichten. Die Familie ist schließlich im Exil, die Zukunft unklar. Monika ist immerhin 23 Jahre alt, kein Kind mehr. Weder die »Garten- und Kochschule« noch der Gesangsunterricht in München, der Klavierunterricht in Lausanne oder der Zeichenunterricht in Paris, auch nicht die Erfahrungen in Frankfurt und Berlin haben in die Nähe einer beruflichen Existenz geführt. Eine Ehe, klassisches Absicherungsmodell, ist auch nicht in Sicht. Was nun?

Am aussichtsreichsten scheint die Musik. Anfang 1934 geht Monika nach Florenz, um beim Pianisten und Komponisten Luigi Dallapiccola Privatstunden zu nehmen. Ihr Ziel: doch noch Pianistin zu werden. Vorher schreibt sie dem Familienfreund Hans Reisiger einen »wunderlichen Stimmungsbrief«, der gleich bei der Familie landet und von Thomas Mann als »Produkt einer künstlerischen Oberflächenbegabung und halb mystifikatorischer Art« charakterisiert wird.

Der renommierte Dallapiccola jedenfalls lehrt am Florentiner Konservatorium und gehört zu den Anhängern der Zwölftontechnik. Einfach »toll!!« findet Großmutter Hedwig Pringsheim diese Wendung für die »verrückte Moni« – vor allem für deren Mutter Katia, die nun wieder hoffen darf, dass dieses Kind mit seinem Hang zum Vagen in die Spur kommt.

In Florenz staunt Monika über die Romantik der Renaissancestadt. Sie wohnt im Dachgeschoss eines »halbzerfallenen Turms« in der Via delle Badesse, zur Wohnung führen 123 Stufen, und die alte Wirtin bringt nicht nur Reisig zum Heizen hoch, sondern fängt auch ganz patent Mäuschen mit den Händen ein. Abgesehen von den Mäusen findet Monika Florenz mit seinem »feinen Dünkel« und den aromatischen Gassen, in denen es nach Kaffee, Weihrauch und sonnenerwärmtem Stein riecht, herrlich. Sie pflückt gerne Feigen von den Bäumen am Straßenrand, läuft über die Arno-Brücke zur Piazzale Michelangelo und beobachtet Mönche und Straßenkehrer, abends das violette Licht auf Kuppeln und Zypressen.

Anscheinend hat sie viel Zeit. Nur einmal in der Woche ist Unterricht bei Dallapiccola, bis zur nächsten Stunde übt sie, und zwar »geradezu phrenetisch«: »Meine Hände, meine Ohren schwelgten in einem explosionsartigen Enthusiasmus. Morgens wartete ich kaum die Dämmerung ab und lief sogleich voller Begeisterung zum Klavier ---.« Sie besucht Konzerte und Oper, und es trifft sich gut, dass der Familienfreund Bruno Walter im Frühling 1934 in Florenz die Musikfestspiele dirigiert, dann kann sie bei den Proben zuhören. Das Ehepaar Alfred und Kitty Neumann, Freunde der Eltern, lebt hier und erleichtert wohl gesellschaftliche Kontakte, Monika berichtet in ihren Erinnerungen von Salons. Auch auf ihrer Dachterrasse gibt sie Empfänge bei Maibowle für »junge Kunsthistoriker, Mediziner, Musiker, Maler, Philosophen und Taugenichtse«.

Nach Hause schreibt sie zunächst Briefe in »gewonter liebevoller Quatschsprache«, wie Hedwig Pringsheim das nennt. »Was hat das Mielein heut? – Geburtstag! – O Jubel o Jubel! Der Silberhaar sind's nur eines mehr. Dafür wieder viel klüger!«, gratuliert Monika der Mutter zum Geburtstag und schließt: »Juchbu juchbu! Zeichnet Frau Sonderling!«

Katia Mann mag diese »törichten« Schreiben nicht. Sie sind verfasst »mit der bekannten, kichernd-fahrigen Munterkeit, für die mir hässlicher Weise das Organ fehlt«, gesteht sie ihrem ältesten Sohn Klaus, von dem sie ja weiß, dass ihn Monika irgendwie dauert. Aber die kann nicht anders, als sich, wie schon aus Paris, aufgekratzt und dynamisch zu geben. Es ist wieder ein von den Eltern finanzierter Langzeitaufenthalt zu rechtfertigen, der muss sich lohnen.

Als sie im Herbst 1934, nach einem Dreivierteljahr in Florenz, zu Besuch ins Küsnachter Elternhaus kommt, traut Katia Mann ihren Augen nicht. An Klaus schreibt sie, die Ankunft des »Mönle, Deiner Lieblingsschwester in ihrer Art«, habe geradezu »sensationellen Charakter« gehabt, »so überaus verschönt, gertenschlank, mit herrlichen Fladaus versehen und mit feurigen Samtungen, modisch angetan und stolz gereckt entstieg sie dem Zuge, die eigenen Geschwister erkannten sie buchstäblich nicht«. Auch Thomas Mann findet, Monikas Erscheinung habe sich ihren 24 Jahren nun »durchaus angepaßt«. Eine rein äußerliche Verwandlung, auf die Katia natürlich nicht hereingefallen ist. Nach dreiwöchigem Aufenthalt sei das Kind »doch ganz das alte, dumpf-wunderliche Mönle, völlig unbeschäftigt, die Speisekammer bemausend (was der Schlankheit abträglich ist), teilnahmslos und unbekümmert mit bisweilen aufblitzenden, überraschenden Hintergründen. So wird es wohl bleiben.«

Monikas volatiles Gewicht ist ein Thema. Klaus berichtet in seinem Tagebuch, er habe »nur zu anschaulich geträumt«, dass Monika sich erschossen hätte, »weil sie zugenommen hatte«. Er macht sich ohnehin Sorgen um die mentale Verfassung der Schwester, denn er spürt, dass sie immer mehr in die Außenseiterrolle rutscht. Einmal schreibt er der Mutter in einem liebevollen Brief, angesichts des Terrors aus Berlin, der »*keinesfalls* gut« gehen könne, müsse die Familie »immer recht zusammenhalten. Moni soll nicht ausgeschlossen sein«.

Interessant: In Küsnacht manövriert sich auch die 16-jährige »Medi« gerade in eine Essstörung hinein. Sie kann ihrem Ideal, der androgyn-schmalen Schwester Erika, nicht entsprechen. Auch Elisabeth will wie Monika Pianistin werden, das stößt bei ihren Eltern auf Vorbehalte. Sie bekommt zu hören, dass Mädchen dafür nicht geschaffen seien, übt umso versessener dagegen an und schafft neben dem Abitur auch noch das Lehrdiplom in Klavier. Selbstzweifel, Leistungsdruck, Essstörungen – eine alte Geschichte.

Der toskanischen Schönheit, Sonne und Salons zum Trotz drängt Monika öfter auf Besuche bei den Eltern in der Schweiz, als diesen recht ist. »Beratung über Moni, die den verfehlten Wunsch zu haben scheint, zu uns zu kommen«, heißt es 1934 im Tagebuch von Thomas Mann. Vielleicht fasst das Kind in Florenz doch nicht so gut Fuß, wie es behauptet? Wahrscheinlich beruhigt das Vertraute: In Küsnacht folgt der Vater wie stets seinen Ritualen, arbeitet vormittags und geht spazieren, das »Mielein« organisiert den Haushalt, es kommen Gäste, abends spielt das Grammofon »Aida«, danach gepflegte Konversation. Auf diesem unbeirrbar Kurs haltenden Familiendampfer fühlt sich Monika sicher.

Aber für die Mutter ist sie kein willkommener Gast. In Thomas Manns Tagebuch ist erstmals, klipp und klar, von Katias »Antipathie« die Rede. Es gibt Ärger, zum Beispiel, wenn Monika ausgerechnet in Küsnacht an Gelbsucht erkrankt, dort Katias komfortables Zimmer beziehen darf, sich darüber auch noch beschwert und mit ihrer »Renitenz, Undankbarkeit und Hypochondrie« den Betrieb aufhält, während Katia in einer kleinen Kammer haust. Die Mutter will, dass Monika eigene Wege geht. Auch zu deren Besten, denn das Elternhaus bekommt ihr »ja erfahrungsgemäß nicht«.

Wahrscheinlich wird dort die unerfreuliche Frage erörtert, wohin dieser ewige Klavierunterricht eigentlich führen soll. Meinungsstarke Eltern neigen dazu, ihre Kinder mit deren Problemen zu konfrontieren, Katia sowieso. An Monika vermisst sie die Leistungsbereitschaft von »Medi«, die sich ihr Klavierdiplom geradezu erkämpft.

Tatsächlich muss sich Monika 1936, nach zwei Jahren Florenz, eingestehen, dass diese Episode bislang nicht zielführend ist. Musikalität und frenetisches Üben, schön und gut, aber zum Beruf der Pianistin gehören eben Engagements. Doch auf Kommando präsentieren – das konnte sie schon als Kind nicht. Da ist dieser »unüberwindbare Widerstand«, eine Scheu, sich zu zeigen.

Im Januar 1936 schreibt Monika zwei deprimierte Briefe. Der erste geht an den Lieblingsbruder Klaus. »Dear Kläusl« soll erfahren, wie desperat sie sich fühlt in ihrem Weihnachtsurlaub in Küsnacht. Alle haben zu tun, der Vater schreibt am *Joseph*-Roman, die Mutter streitet mit dem Gärtner, die Kleinen spielen Musik, die Mägde putzen, der Hund bellt. Und sie? »Was tu ich? Das ist garnicht das Einfachste. – Wenn die Monnigga nicht ihre regelmäßigen Arbeitsstunden hat, aus denen sie beglückt, manch mal nur ein bißchen verzagt, hervorgeht, – dann ist's ziemlich schwierig! – Da denkt sie viel zu viel Zeug zusammen und unter Umständen dummes.« Soll sie musizieren, zeichnen oder einfach mit dem Hund durch den Wald? Worauf soll sie ihre kreativen Impulse richten? Sie weiß es nicht. All das »Zweifeln, Bangen, Nöten, Sehnsuchten« macht sie kirre, klar ist nur: »Jedenfalls gehör ich zu den Menschenkindern, die unsagbar glücklich und unsagbar unglücklich sein können.«

Der zweite triste Brief geht an die »chère maman«, die zuvor wohl empfohlen hat, entweder mehr Energie aufzubringen oder das Klavierspiel zugunsten einer praktischen Tätigkeit aufzugeben. Verbunden war dies mit einer Finanzspritze, für die Monika, wieder in Florenz, ebenso dankt wie für die »aus mütterlichem Herzen entsprungenen Ratschläge«. Alles richtig, sie wisse es selbst. »O sorgenvolles Kind, das ich bin! Doch wenigstens nicht bös!« Ob sie sich für etwas Besseres halte und deshalb »so abseits der Menschheit« stehe, wisse sie nicht – eigentlich fühle sie sich eher einsam. Es falle ihr ungeheuer schwer, mit einem Menschen warm zu werden, sosehr sie sich mühe, und der einzige Trost gegen die leidvolle »Solitüde« sei nun mal die Musik. Sie habe bestimmt das Zeug zur Pianistin – nur das »Hinaustreten«! Zur »häßlichen Frage« des Geldverdienens: Auf eigenen Füßen stehen zu müssen habe »etwas Fürchterliches«. Ja, sie wolle etwas »Imposantes« vorlegen, aber es alleine schaffen zu müssen macht ihr Angst. »Gibt es auf Gottes Erdboden eine Menschenseele, die mir hilft«, fragt sie sich und Katia: »Ich glaube noch keine gefunden zu haben.«

Auf Ratschläge mit Widerspruch zu reagieren, gilt bei Manns inzwischen als ausgesprochen »*moni*-haft«. Moni-haft sein, das heißt unbelehrbar, beleidigt bis verstockt, verwöhnt, faul sein. Die Mutter ärgert sich über Monikas Ausflüchte und denkt, »das Kind flüchtet sich in prätentiöse Verstiegenheit und hätschelt seine heilige Trägheit«.

Es muss gesagt sein: Katia Mann hat noch andere Sorgen als die Sinnsuche ihrer Mittleren. Zwischen ihrem Mann und Lieblingstochter Erika, dem »kühnen, herrlichen Kind«, haben sich dramatische Szenen abgespielt. Wegen des langen Zögerns von Thomas Mann, sich eindeutig auf die Seite der exilierten Schriftsteller und gegen das Dritte Reich zu stellen, während das faschistische Vorgehen gegen Oppositionelle in vollem Gange ist, Juden verfolgt werden und auch die Großeltern das Pringsheim-Palais in München an die Nazis verloren haben, hat Erika mit Liebesentzug gedroht: »Falls es ein Opfer für Dich bedeutet, daß ich Dir mählich, aber sicher, abhanden komme, – leg es zu dem übrigen.« Die häusliche Atmosphäre ist zum Schneiden, Katia bittet Erika um Milde: »Du bist, außer mir und Medi, der einzige Mensch, an dem Z.s Herz ganz wirklich hängt, und Dein Brief hat ihn sehr gekränkt und geschmerzt.« Doch jetzt endlich, 1936, schreibt Thomas Mann den offenen Brief, in dem er sich endgültig von Deutschland verabschiedet und feststellt, »daß aus der gegenwärtigen deutschen Herrschaft nichts Gutes kommen kann, für Deutschland nicht und für die Welt nicht«. Die Welt der Kultur, sie kann sich im Angesicht des politischen Schreckens nicht im Elfenbeinturm verschanzen.

Natürlich verlieren die Manns noch im selben Jahr die deutsche Staatsbürgerschaft.

Eine Entscheidung ist getroffen, aber Katia hat auch Probleme wegen ihrer drangsalierten alten Eltern in München, wegen Michael, der trinkt und tobt und demnächst im Rausch seinen Hund tötet, wegen »Medi«, die in Liebeskummer versinkt und zum Psychologen soll, wegen Klaus, der im Exil zwar ungemein produktiv ist, aber eben auch drogen- und todessehnsüchtig. Er arbeitet am Roman *Mephisto*, dem Schlüsselroman über Ex-Schwager Gustaf Gründgens. Wenn Klaus nach Küsnacht zu Besuch kommt, sind seine schönen Augen immer rot.

Aber Klaus Mann ist es, der an Monika Antwortzeilen schickt, so sensibel und klug, als habe er gerade Rilkes *Briefe an einen jungen Dichter* zur Seite gelegt. In dieser ultimativen Ermutigung junger Suchender rät Rilke: Meide Ironie und

Kritik, suche die Schönheit des Einfachen, flüchte nicht vor der Traurigkeit, denn sie macht Seele und Arbeit reich. Vor allem: Suche die Einsamkeit.

Klaus schreibt: Schmerz bereichert, vor allem den kreativen Menschen. »Ohne den Schmerz – genauer gesagt: ohne den Liebesschmerz und den Schmerz der Einsamkeit (was auf eine sehr tiefe Art das Gleiche ist) – würde es keine Art von künstlerischer Betätigung geben.« Wenn Monika Trauriges erlebe, werde sie »am Ende doch noch eine veritable Künstlerin werden« – sofern das Erlebte mit Fleiß verwandelt würde. Die »schöne alte Monnigga« solle also zielbewusster und, ja, auch tüchtiger werden. Dann könnte sie die Sorgen Katias widerlegen, und die Mutter-Tochter-Beziehung würde sich sofort verbessern: »Und damit Hollah.« Eigentlich ähnlich wie Katias Rat, Klaus hat Monika dabei nur den Arm um die Schultern gelegt.

Es nützt nichts, die Schwester wird immer schwermütiger. Im Juni schreibt Monika ihrem Vater einen regressiven Brief, in dem sie tief in den Brunnen der Vergangenheit blickt. Sie schmerzt die Sehnsucht nach dem Kindheitswald in Bad Tölz, Erinnerungen an die Himbeersuche, bei der sie entweder nur sieben mickrige Früchte fand oder sich gleich verlief. Glückliche Zeiten also, in denen sie eben nicht wegen geringer Ausbeute getadelt wurde oder weil sie sich verlaufen hatte, und sich in den tröstenden Schoß der Mutter schmiegen durfte. »Tränen, Lachen, Jubilieren, Traurigkeiten! – Ganze aufgeregte kleine Kindheitswelt! – Was ist aus ihr geworden? – Das große, bittre, schöne, geheimnisvolle Leben!« Wenn Gott ihr nur eine Bestimmung gäbe – so wie ihm, dem Vater: »Es muss herrlich sein!«

Die Eltern beraten sich enerviert, aber besorgt über das »recht trübe Problem Moni«. Einerseits ist ihre Musik »nach menschlichem Ermessen aussichtlos«, andererseits scheint nichts anderes infrage zu kommen. Und was ist das schon wieder für ein »Liebesleid«, von dem in einem ihrer »fatalen« Briefe die Rede ist?

Das »malheur« mit dem Kind ist »ganz offenbar irreversibel«, konstatiert Katia Mann. Großmutter Hedwig, zu Besuch in Küsnacht, erschrickt denn auch beim Wiedersehen mit der inzwischen 26-jährigen, »tragisch veränderten« Enkelin, die aus Florenz »hager und dürr, um 10 Jahre gealtert« eintrifft. Der Musikunterricht ist abgebrochen, die Stimmung endgültig am Boden, sodass Monika Heiligabend 1936 auf ihrem Zimmer bleibt, obwohl die Eltern ihr gut zureden.

Und dann erscheint sie, die ersehnte »Menschenseele«. Jenö Lányi ist ungarischer Kunsthistoriker, Monika hat ihn bereits in Florenz kennengelernt. Als junger Mann ist er in die Schweiz gekommen und von der wohlhabenden Familie Langnese wie ein Sohn gefördert worden. Er promovierte in München, war nach dem Studium an den Staatlichen Museen in Berlin und arbeitet nun in Florenz an einem Werk über die Skulptur des Renaissance-Bildhauers Donatello. Aus einem Flirt mit Anlaufschwierigkeiten wird Liebe, und Weihnachten 1937 übergibt Thomas Mann eine *Joseph*-Ausgabe mit Widmung »an Monis Verlobten Lanyi«.

Lányi und Monika, das passt gut. Er ist ein sanfter Mann, kultiviert, mit weichem Gesicht und humorvollen Augen. Monika hält den acht Jahre Älteren für einen »Künstler durch und durch«, seinen Idealen und einem Sinn für »Anständigkeit« verpflichtet. Sie ist stolz auf ihre Verbindung mit einem derart passionierten Menschen, sieht ihn als »Meister« und glaubt, von ihm lernen zu können. Was sie auch mag: »sein orientalisch träges und sinnliches Wesen« mit Lust auf Müßiggang und dass er so gerne lacht. Dass er halsbrecherisch auf Gerüsten herumturnt, ein kunsthistorischer Abenteurer, um ein Bronzeengelchen zu untersuchen. Sie sieht sich und ihn als Verbündete, hört sich und ihn als zwei eigenständige Stimmen, die harmonisch zusammenklingen wie in einem Bach-Stück. Ihre Liebe, glaubt sie, umgibt etwas Intensives und Schicksalhaftes. Als Klaus einmal von Menschen erzählt, in deren Gesichtern man den nahen Tod sehen könne – da denkt sie heimlich an ihren Lányi. Und schweigt.

Jetzt aber beginnt eine glückliche Zeit. Und das sieht man Monika auch an. Das Vergrämte ihres Gesichts, was die Großmutter so erschreckt hat, ist zarter geworden, die Figur schmal und feminin, ihre Locken trägt sie schmeichelhaft schulterlang. »Kinder ich sags euch«, schreibt Lieblingsbruder Klaus höchst erfreut, aber auch werbend an seine Mutter Katia, »das Mönnle ist ein ganz feines Ding geworden. Nicht ohne seltsame Züge freilich, aber auch durchaus nicht ohne gewinnende – und wenn ein Mensch von artigem Niveau, wie der Lányi, ihr mit so schwärmerischer Treue ergeben ist, *muss* überhaupt etwas an ihr dran sein. Wirklich, sie ist ganz leise und würdig, schwermütig halb, halb humorvoll, nicht ohne bizarre Einfälle, mit Anmut zurückhaltend, auch ziemlich hübsch.«

Alle Manns mögen den angenehmen Neuzugang Lányi und finden Monika neuerdings so ausgeglichen, »ganz menschlich«. Die Brauteltern sind erleichtert, Großmutter Hedwig unbekannterweise angetan. Sie hat die Enkeltochter ganz gern.

An Tochter Katia schreibt sie, Monika habe glückselig gemeldet – wie ja meistens: »mit sehr viel Unterstreichungen und Ausrufungszeichen« –, bei dieser Herzensangelegenheit handle es sich um nichts weniger als ein Wunder, »und warum wol? weil er *ganz wunderbar* ist!!« Nur Erika ist skeptisch und findet »Möndle« beim Kennenlerntreffen mit Lányi eher scheu (»ihr Gesicht ist *wirklich* ziemlich klein, wenn auch freilich ein wenig unjung«) und den Schwager in spe selbst »ängstlich«. Komisch, dabei hat sie nur ein kleines »Schnellfeuer« an Fragen vorbereitet wie: »(…) hat Lányi zu leben? Wovon lebt Lányi? Besitzt Lányi Geld?«

Dann macht es Monika nochmal spannend. Sie weiß plötzlich nicht, ob sie wirklich heiraten will. Kalte Füße? Ist sie, die schnell Entflammbare, kurz anderweitig interessiert? Katia findet das nun wirklich »zu ärgerlich«. Hedwig Pringsheim hält die zaudernde Enkeltochter für »dummdreist«, bleibt aber pragmatisch: »Ich finde nun wirklich: rin in die Ehe! und, wenn nötig, wieder raus aus die Ehe! es lässt sich ja alles machen«. Meine Güte, das Mönle »ist und bleibt ein Sonderling, da kannscht nix machen«.

Wer sich übrigens in dieser Zeit nach der flatterhaften Monika »höchst sympathisch, menschlich-interessiert« erkundigt, ist Onkel Heinrich Mann, zur Rührung von Klaus, der seinen Vater Thomas im Vergleich »oft gedankenlos grausam« findet, und zwar fast allen gegenüber.

Doch die Irritation vergeht. Die Verlobung steht. Das Paar wirkt selig. »Meine geliebte Moni«, »meine Monika« nennt Lányi in Briefen an Mutter Bertha Lányi seine Verlobte, »die Auserwählte meines Herzens und meiner Seele« sei »so goldig, dass man es garnicht aussprechen kann«. Jeden Tag sei er mit ihr zusammen, »nur leider nicht genug, weil es ja nie genug sein könnte«. Auch Monika »schwimmt förmlich im Glück«. Über einen warmherzigen Brief der Schwiegermutter freut sie sich »wie ein Kind«.

1937 folgt Monika Lányi nach Wien, wo das Paar Bekanntschaft mit dem Schriftsteller Robert Musil macht, auch in Zürich halten sie sich zeitweise auf.

Doch nun schwankt der ganze Kontinent. Als die deutsche Wehrmacht 1938 in Österreich einmarschiert, ist an eine Rückkehr nach Wien nicht zu denken. Der »Anschluss« Österreichs führt zu einer Verhaftungs- und Emigrationswelle, die als halbjüdisch geltende Tochter des Exilschriftstellers Mann und der jüdische Lányi wären bedroht. In Italien wächst der Antisemitismus, auch Florenz ist kein kluges Ziel mehr.

Katia und Thomas Mann planen bereits, Europa zu verlassen. Sie fühlen sich in der Schweiz nicht mehr sicher.

Ihr Ziel: Amerika. Hier gibt es für Thomas Mann eine gutdotierte Gastprofessur an der Universität Princeton, vermittelt von einer Verehrerin: Agnes E. Meyer ist die deutschstämmige Ehefrau des Inhabers der *Washington Post* und fördert Thomas Mann, wo sie nur kann. Elisabeth begleitet ihre Eltern im Herbst 1938 auf der »Nieuwe Amsterdam« nach New York. Während der Überfahrt erreicht sie die Nachricht, dass die sudetendeutschen Gebiete im Münchner Abkommen an Deutschland abgetreten wurden. Die halbe Familie, auch Monika, besitzt die tschechoslowakische Staatsbürgerschaft, und das Land wird gerade geopfert.

Für die Eltern steht fest: Auch die Kinder sollen auf den sicheren Kontinent. Erika und Klaus haben ihr Glück in Amerika bereits versucht. Erikas »Pfeffermühle« kam bei einer

Monika Mann mit ihrem Ehemann Jenö Lányi,
ungarischer Kunsthistoriker, am Tag ihrer Hochzeit in London, 1939

US-Tournee zwar nicht gut an, wohl aber sie selbst als politische Rednerin mit flammenden Reden über Hitler-Deutschland. Auch Klaus kämpft publizistisch gegen das Dritte Reich und freut sich auf seinen geliebten Freund Thomas Quinn Curtis in Amerika. Michael, knapp 20, will seine Schweizer Freundin Gret heiraten und erst später in die USA folgen, auch Golo ist noch in Europa. Er schreibt in der Kulturzeitschrift *Maß und Wert*, die der Vater herausgibt, eine bittere Abrechnung mit der Appeasement-Politik der Westmächte. Sie hätten »Hitler den Beweis zu führen erlaubt, dass Gewalt gleich Erfolg und Recht gleich Niederlage sei«.

An Weihnachten 1938 hält sich Golo, wenn auch nur besuchsweise, in Princeton bei der »amazing family« auf. So dürfen sich die so kreativen wie kämpferischen Manns jetzt auch offiziell nennen, seit sie ein Artikel im Londoner *Daily Telegraph* als eine ganze Familie gegen Hitlers Diktatur gewürdigt hat, »a family against a dictatorship«. Auch alle anderen Kinder dieser »erstaunlichen Familie« sind da.

Nur Monika fehlt. Sie und Lányi sind inzwischen nach London emigriert. Dort heiraten sie am 2. März 1939. Monika Mann-Lányi ist 28 Jahre alt, Lányi 36. Das einzige gemeinsame Foto stammt von ihrem Hochzeitstag: Die Braut trägt ein dunkles Ensemble aus wadenlangem Rock mit schmalem Jäckchen, der Wind zerzaust ihr Haar, ihr Blick ist konzentriert und glücklich. Der Bräutigam, zwei Bücher unterm Arm und mit offenem Jackett, schreitet neben ihr weit aus und strahlt in die Kamera.

In Notting Hill haben sie eine Wohnung gefunden, allerdings hat Monika vergessen, dass zu ihrem Exilmobiliar ja auch ein Konzertflügel gehört. Der passt jetzt nicht ins Apartment. Über diesen »Schildbürgerstreich« amüsiert sich die ganze Familie.

Im August 1939, auf der letzten Europareise der Eltern Mann vor dem Zweiten Weltkrieg, statten Thomas und Katia auch dem jungen Ehepaar in London einen Besuch ab. Thomas erwähnt im Tagebuch die »nette kleine Wohnung« und das »selbstgekochte Abendessen«. Sie besuchen gemeinsam ein italienisches Restaurant und das British Museum, und das Zusammentreffen verläuft so harmonisch, dass Katia Mann ihrem Sohn Klaus verspricht, sie sei »fest entschlossen, in meinem Leben keine Unfreundlichkeit mehr über sie zu hegen und mich nur noch nett und hilfreich zu verhalten«. (Obwohl sie einen Blick in Monikas wieder extrem wirren Brief an Klaus geworfen hat und sogleich die Hoffnung verliert.) Thomas Mann fällt in London das »zart verkümmernde Wesen Moni's« auf, das ihm »rührend zu denken« gibt. Notiz an sich selbst: »Im Kriegsfall die Protektion Murrays und Nicolssons zu erwirken«.

Daran, das junge Ehepaar ebenfalls nach Amerika zu holen, denkt er nicht wirklich. Dabei liegt Krieg in der Luft, und Monika hat Angst. Sie und Lányi hatten gehofft, der Familie in die USA folgen zu können. Noch in Zürich hat Monika ihrer Schwiegermutter von der Ungeduld berichtet, mit der sie auf Erikas Besuch warten: »Sie bringt Nachrichten von den Eltern – und von unserer ›zukünftigen Heimat‹ – und sie wird uns Ratschläge geben, Anhaltspunkte … mit einem Wort – wir hoffen auf eine Klärung unserer Lage mit ihrem Eintreffen!« Doch dann, weder Rat noch Klärung. Lányi ist enttäuscht: »Jeder ist versucht, seine eigenen Probleme an erster Stelle zu lösen.«

Im September 1939 bricht der Zweite Weltkrieg aus. Thomas und Katia Mann sind dem Chaos noch rechtzeitig entkommen, die uralten Pringsheims in letzter Minute in die Schweiz emigriert, unter sadistischen Schikanen. Aber drei Kinder sind noch im kriegsführenden Europa: Golo, zeitweise interniert in Frankreich, Michael – und Monika. Thomas Mann wünscht sich Golo unbedingt nach Amerika, und auch Michael soll kommen, weil Katia so um ihren schwierigen Liebling zittert. Von Monika ist keine Rede.

Aber dann handelt der Vater doch. Lányi hat im Mai 1940 nun wirklich »dringend« Alarm geschlagen. Thomas Mann bittet die Gönnerin Agnes Meyer um Hilfe, eigentlich besonders wegen Golo, der seinem väterlichen Herzen nähersteht, wie er zugibt. Dann gibt es endlich auch Ausreisevisen für Monika und ihren Mann. Nach Kanada.

Keineswegs zu früh, denn in London startet im August 1940 »The Blitz«, das massive Bombardement Londons durch die deutsche Luftwaffe. Während Erika gerade in London als Korrespondentin deutschsprachige Rundfunkreden für die BBC schreibt und sich heldenhaft dem Dröhnen der Kampfbomber, den Sirenen und Erschütterungen, dem Klirren und Knallen aussetzt, will es die Familienlegende, dass Monika und Lányi immer die Ersten im Luftschutzkeller sind. Monika erinnert sich später an den Gleichmut der stolzen Stadt, die sich in eine Hölle verwandelt und dabei Würde wahrt. Ein bisschen fühlen sie und ihr Mann sich als Deserteure, weil sie schon das kanadische Visum in der Tasche haben. Um zu fliehen, müssen sie über den Atlantik, es ist Seekrieg, aber es geht nicht anders.

Die »City of Benares« verlässt den Hafen von Liverpool mit

dem Ziel Halifax, Nova Scotia. An Bord befinden sich 406 Passagiere, darunter 92 britische Kinder, die im Rahmen eines Evakuierungsprogramms ins sichere Kanada gebracht werden sollen.

Das Schiff verlässt England am 13. September 1940. Es ist ein Freitag. In der Nacht auf den 18. September feuert ein deutsches U-Boot Torpedos auf den Ozeandampfer. Die »City of Benares« sinkt innerhalb einer halben Stunde.

Mitten in der Unendlichkeit

Kann man vor seinen Problemen und Erinnerungen davonlaufen? Man kann ihrer Linderung immerhin entgegengehen, meint Diogenes: »Solvitur ambulando« – es wird beim Gehen geklärt. Sobald der Mensch läuft, beginnen die Gedanken zu fließen.

Das Gehen – es setzt auch das Gehirn und kreative Prozesse in Bewegung. Besonders unter Schriftstellern finden sich viele leidenschaftliche Wanderer und In-Gedanken-Gänger, etwa Virginia Woolf, Samuel Beckett, und natürlich Thomas Mann.

Gehen ist nicht nur eine Form von Herztraining und laut Hippokrates die beste Medizin, sondern außerdem ein Antidepressivum. Genau wie dieses kurbelt regelmäßige Bewegung die Ausschüttung von Serotonin, Noradrenalin und Dopamin an und wirkt depressiven Verstimmungen entgegen.

Diese neurobiologischen Zusammenhänge kennt Monika Mann nicht, als sie auf Capri einer täglichen Routine folgt, die ihr guttut: Sie geht. An jedem Morgen eines jeden Tages. Sie steigt die Treppe hinunter, läuft am Feigenkaktus vorbei durchs Eingangstor, wendet sich nach links auf dem Pizzolungo in Richtung Arco Naturale, dem bogenförmigen Steinrest einer eingestürzten Grotte. Zur einen Seite liegen die Felsen, rechts der Abgrund mit Myrthensträuchern und Bäumen und dem Blick auf das Meer. Eine gute Stunde dauert dieser Spaziergang, und Gehen ist ihr ein »Grundprinzip. Gehen, Schuhwerk, Ortswechsel durch Gehen, wichtig, wichtig!«

Auf ihrem Weg fühlt sie sich wie an Deck eines fahrenden Schiffes, es ist eine erhabene Position, von der aus sie die Welt betrachtet. Das Schiff gleitet dahin, sie spaziert zwischen Himmel und Meer, hinein in einen Zustand »mitten in der Unendlichkeit«.

Als Kind hat sie mit ihren älteren Geschwistern in der Villa im bayerischen Bad Tölz das »Gro-Schie«-Spiel gespielt: In der Fantasie verwandelte sich der wilde Garten in die See und die vier Kinder Erika, Klaus, Golo und Monika gaben die Passagiere des »großen Schiffs«, eines imaginierten Ozeandampfers. Monikas Rolle war die einer kapriziösen Mademoiselle, neben Prinzessin Erika der einzige weibliche Passagier von Rang, hoch oben auf dem Promenadendeck flanierend und Ausschau haltend nach dem nächsten Vergnügen.

Jetzt tritt Monika ihre Spaziergänge oft in Windjacke und pragmatischen Schuhen an, ein Geschenk von Antonio Spadaro. In dieses robuste Schuhwerk mit festen Sohlen hat er einsticken lassen: »Einen schönen Spaziergang – Toni«. Schlechtes Wetter macht ihr nichts aus. Im Gegenteil: Sie mag es. Nichts hält sie vom Gehen ab.

Es gibt da ein Mädchen aus dem Ort, Anna Maria, Ende der Fünfzigerjahre ist sie 16 Jahre alt. Sie ist die Tochter von Teodorico Boniello, einem Freund von Antonio, und bringt selten Besucher, öfter ein paar Besorgungen zur Villa Monacone. Manchmal bleibt sie und unterhält sich mit »Signora Monika«, die das kluge capresische Mädchen mag. An einem grauen, stürmischen Tag betritt Anna Maria das Haus, schüttelt sich die Tropfen vom Haar und schimpft über Wind und den scheußlichen Nieselregen. Monika sieht sie an, mit gerunzelter Stirn. »Es gibt kein schlechtes Wetter!«, ruft sie leidenschaftlich und zeigt nach draußen, »sieh nur, die Farben des Himmels! Und wie das Meer sich bewegt!«

Das Meer: Für viele der Manns ist es Leitmotiv ihres Lebens. Als Kind hat Monika seine Faszination erlebt, auf Sylt, Hiddensee, im Ferienhaus in Nidden an der Kurischen Nehrung, wo Sand und niedrige Kiefern das Haus umgaben. Es liegt ihr im Blut, glaubt sie, immerhin ist sie die Enkelin von Julia da Silva-Bruhns aus der brasilianischen Küstenstadt Paraty, der Mutter von Thomas Mann.

Für den in Lübeck aufgewachsenen Thomas war Travemünde die See seiner Kindheitssommer. Er sieht das Meer nicht als Landschaft, sondern als »Erlebnis der Ewigkeit«. Monikas Schwester Elisabeth hat der Vater damals an der italienischen Küste bei der Hand genommen und dem Kind erklärt, was hinter dem Horizont liege: »Der Horizont und dahinter wieder der Horizont«, nur wenn man weiter rudere, komme Land in Sicht. Ab Mitte der Sechzigerjahre wird Elisabeth Mann Borgese das Meer für sich als Forschungsobjekt entdecken. Und bis zum Ende in seiner unmittelbaren Nähe leben, genau wie ihre Schwester Monika so nah, dass man die Salzgischt schmecken kann.

Vater Thomas lässt in seinen Texten immer wieder das Meer rauschen: als Sehnsuchtsort und Sinnbild des Lebens. In den *Buddenbrooks* etwa denkt die Romanfigur Thomas Buddenbrook über das Gleichmaß der Wellen nach, »wie sie daherkommen und zerschellen, eine nach der anderen, endlos, zwecklos, öde und irr. Und doch wirkt es beruhigend und tröstlich, wie das Einfache und Notwendige.« Mehr und mehr hat dieser Buddenbrook die See lieben gelernt, im Angesicht des Gebirges würde er sich womöglich fürchten und schämen, wahrscheinlich unterlegen fühlen. Für die Berge, da brauche es Unternehmungslust und Festigkeit. Auf dem Gleichmaß des Meeres aber liege ein »verschleierter, hoffnungsloser und wissender Blick, der irgendwo einstmals tief in traurige Wirrnisse sah«.

Müdigkeit von der Wirrnis des Inneren und Sehnsucht nach Einfachheit: Das klingt auch ganz nach Monika. Sie hat festgestellt, schreibt sie ihrem Münchener Freund Raupach, dass Himmel und Meer ihre dunklen Gedanken »allmählich absorbieren und formulieren«.

Dem Mädchen Anna Maria hat sie in all den Jahren nie von ihrem Schicksal erzählt, das sie so eng mit dem Meer verbindet. Es ist Anna Maria nur aufgefallen, dass die Signora anscheinend nie zum Schwimmen geht und nur selten mit Antonio Spadaro auf dessen kleines Boot, das gleich unten bei den Klippen liegt. Doch sie wandert auf dem Promenadendeck des Pizzolungo, jeden Tag, Kilometer um Kilometer, und schaut in das ewig rauschende Blau. Sie hätte Grund, das Meer zu hassen, aber sie hat sich ein Zuhause gewählt, das sie täglich mit ihm und dem Erlebten konfrontiert.

Der Felsen der Existenz

Kurz vor Mitternacht des 17. September 1940 erschüttert ein heftiger Schlag das Schiff, als sei es gegen etwas aufgefahren. Monika Mann-Lányi hat in der Kabine der »City of Benares« geschlafen, jetzt schreckt sie auf. Ihr Mann Jenö Lányi hat bis eben noch im Salon das »Wohltemperierte Klavier« von Bach gespielt. Jetzt hastet er in die Kabine. Die Alarmglocke schrillt.

Die beiden schlüpfen in ihre Regenmäntel und nehmen nichts mit, dazu reicht die Zeit nicht, sie müssen sofort ins Rettungsboot. Es gibt nicht genug, viele sind durch den Torpedobeschuss zerstört worden, also drängen viel zu viele Passagiere in viel zu wenig Boote, »wir fielen alle auf den Grund des Meeres fast, weil wir zu viele waren, auch waren die Seile kaputt. Es war ein wahnsinniges Geschrei gewesen von der Mannschaft, schwarze Mannschaft, sie hat nichts als geschrien – und als wir wieder heraufkamen, schrien wir so gut es ging, nahe am brennenden Schiff, wir hatten Petroleum geschluckt und waren zerschlagen und suchten nach etwas zum Anhalten, wir riefen einander, ich hörte seinen Ruf, dreimal, und dann nichts mehr.«

Monika klammert sich fest, an einem »Floß oder Holz, an

dem Stück Boot«, mit »unendlich« kalten Händen. Bringen Sturm und Wellen das Rettungsboot, beschädigt und ohne Boden, zum Kippen, wie sie es erzählt, oder steht es voll mit Wasser, wie es ein Zeitzeuge erinnert? Es ist unklar. »Die Wellen haben mich ganz zugedeckt, sie kamen wie schwarze Gebirge auf mich los – tote Kinder gab es, von Schreck und Kälte getötet, und Durst – ja der Durst! –, und sie schwammen wie Puppen herum – es hatte in Strömen geregnet, dann kam der Mond, jetzt schwammen die Kinder auf den schwarzen Wellen im Mondschein.« Monika erbricht sich, hat keine Stimme mehr, hält sich weiter fest. Zwanzig Stunden lang harrt sie aus, dann kommt Rettung: ein englisches Kriegsschiff. Es überleben nur 19 von 92 kriegsverschickten Kindern und nur 140 Erwachsene. Jenö Lányi ist nicht dabei. In all den Stunden nach seinem dritten, schon schwachen Ruf muss Monika gewusst haben: Er ist ertrunken.

An Bord des englischen Zerstörers erhält Monika Whiskey und Pillen, wird mit Rührei und heißem Kaffee gefüttert, schläft ein, schreit nach ihrem Mann, weint und wird mit den anderen Überlebenden nach Schottland in ein Krankenhaus gebracht.

Thomas Mann und Katia erfahren in den USA zunächst vom Untergang »eines englischen Kinder-Schiffes« und laut Thomas' Tagebuch erst danach, dass »Moni und Lanyi auf dem torpedierten Schiff waren, der Mann tot ist und Moni sich in einem Hospital in Schottland befindet (in welchem Zustande?!), von wo Erika sie abholt. Sie scheint also transportfähig. – Grauen und Abscheu. Erbarmen mit den gebrechlichen Kind. – Nicht gearbeitet.« Am Abend geht es stimmungsmäßig schon wieder. Thomas Mann besucht eine

Film-Preview, in »Smoking-Toilette«: »Harmloses Vergnügen, ein paar charmante Einfälle, konnte lachen.«

Erika Mann, noch immer Kriegsreporterin in England, fährt nach Schottland und kümmert sich um den Transport Monikas nach Amerika zu den Eltern, wo soll sie sonst hin. Erika schreibt an Katia, »Ach, Frausüsfrausüsi«, über die »*viehische* Missetat«. Worüber sie sich wundert: Monika ist nicht nur »nach *20 im Wasser* verbrachten Stunden« ohne Lungenentzündung davongekommen, sie ist, »schier rätselhafter Weisis, *froh*, gerettet zu sein«. Erika habe Monika gesagt, in diesem Leben könne ihr ja wohl nichts Ärgeres mehr passieren: »Sie: ›Sterben könnte ich doch und das will ich nicht.‹« Klaus Mann in seinem Tagebuch: »Das Unvorstellbare des Hergangs, der Konsequenzen. --- Wie mag es aussehen im Herzen, im Kopf der armen, unbarmherzig geschlagenen, zerschmetterten, vom Schicksal weggeschmissenen Moni.« Er hat einen Brief seiner Mutter Katia erhalten, der so klingt, als habe sie Monika bereits aufgegeben: »… sie kann ja nur vollkommen verstört und gebrochen sein, und ich kann mir garnicht denken, dass sie dies überlebt, bei ihrer psychischen Labilität, und wo der Jenö doch wirklich ihr Alles war.«

Aber Monika überlebt. Und nicht nur das: Sie ist sogar dankbar dafür. Ihre Existenz scheint ihr tatsächlich kostbar. Nicht alle hätten ihr einen solch entschlossenen Überlebenswillen zugetraut.

Ende Oktober 1940 erreicht sie endlich New York, wieder musste sie sich für die Reise auf ein Schiff begeben. Katia Mann holt ihre Tochter am Hafen ab. Im Blitzlichtgewitter der Fotoreporter drückt die Mutter, mit Hut und Pelzkragen, Monika an sich, deren Miene zwischen Lächeln und Tränen schwankt. Auf der einstündigen Fahrt nach Princeton sitzt sie schweigend im Auto.

Es beginnt Monika Manns amerikanisches Exil. Zwölf Jahre lang, bis 1952, wird sie in den USA verbringen, an der Ostküste und der Westküste leben, mal bei den Eltern, mal bei ihrem Bruder Michael, im Hotel, Apartment oder bei Freunden, kurz sogar in einem »Ashram«. Eine ruckelige Reise für ihr »fahrendes Haus«.

Die erste Zeit bei den Eltern wirkt die erst 30-jährige Witwe befremdlich ruhig und zurückgezogen. Ja, wie mag es aussehen in Kopf und Herzen der »vom Schicksal weggeschmissenen Moni«, die den Bombenterror in London, ein Schiffsunglück und den Verlust des Ehemanns hinter sich hat? Sie selbst schildert die krasse Diskrepanz zwischen *social life* im Elternhaus, der Sorglosigkeit Amerikas und ihrer seelischen Verfassung so: »Das sogenannte Glück mutete mich zunächst so zynisch, absurd an, daß ich ganz starr davor wurde.« Jenes »albtraumhaft Wirkliche, jenes in allen Fasern Erlebte und doch so völlig Unwahrscheinliche«, die Katastrophe im sturmgepeitschten Atlantik, verfolgt sie in Albträumen und panischen Flashbacks, »viele Jahre, Tag und Nacht«. Die Alarmglocke nach dem Einschlag des Torpedos, sie »klingelt im Mark der Dinge weiter«.

Wie ihr zumute ist, erzählt sie dem Kunsthistoriker Jacob Hess, einem Freund und Kollegen von Jenö Lányi. Hess hat ihr ein Kondolenzschreiben geschickt, auf das sie im Januar 1941 antwortet: »Ich sitze herum, und weiß mit mir und dem Tag nicht viel anzufangen … es scheint für mich alles sehr sinnlos geworden. Für nichts ist Interesse da. In nichts ist Lebendigkeit.« Vier Monate sind seit der Katastrophe verstrichen, eine

Zeit voller »Öde und Traurigkeit«. Die Trostsprüche der anderen, sie »helfen nichts, das Leben forcieren kann ich auch nicht«.

Der Schriftsteller Leo Tolstoi scheint genau die Worte gefunden zu haben, in denen Monika ihren Schmerz wiedererkennt, denn aus seinem Werk, anscheinend gerade ihre Lektüre, zitiert sie in ihrem Brief an Jacob Hess: »Es ist wie in ›Anna Karenina‹ der kleinen Kitti das Herz bricht und sie denkt, sie wollen es mir zusammenkleben, wie man eine Vase zusammenklebt.«

Glücklich die Zeiten, in denen man Monika nur für ziellos und labil hielt – jetzt ist sie auch noch traumatisiert und in Trauer.

Aber starr herumsitzen und an nichts Interesse zeigen, der Zustand belastet auch diejenigen, die sich kümmern. Eine Therapie wird offenbar nicht in Erwägung gezogen, obwohl die Manns damit keine Berührungsängste und in der Schweiz vier ihrer Kinder zum befreundeten Neurologen Dr. Katzenstein geschickt haben. Monika behilft sich auch nicht mit »Heiterleins«, wie Stimmungsaufheller bei den Manns heißen, nicht mit Alkohol, Schlafmitteln, Speed, Morphium oder anderen Drogen, alles Utensilien aus der familiären Hausapotheke. Sie sackt einfach in sich zusammen. Dass ein Mitglied dieser Familie seine Gefühle so offen zeigt, statt sie mit Stimulanzien, Willensstärke oder Ironie zu bändigen, ist ungewöhnlich und irritierend.

Die Angelegenheit entwickelt sich genau so, wie es Thomas Mann vor Monikas Ankunft in einem Brief an seine Förderin Agnes Meyer befürchtet hat: »Moni's Schicksal ist nicht nur traurig, sondern gibt auch Probleme auf.«

Vor allem für Katia Mann. Sie managt den Alltag in Amerika und sorgt dafür, dass Thomas Mann in Ruhe schreiben kann, außerdem beginnen seine politischen Reden *Deutsche Hörer!*, ausgestrahlt von der BBC nach Deutschland. Immer mehr deutsche Exilanten flehen um Unterstützung des Nobelpreisträgers wegen Einbürgerungsbürgschaften und Visa, auch darum kümmert sich seine Frau. Genauso wie um die anderen Kinder, die mit ihren Vorhaben in der Neuen Welt ermutigt und auch weiter finanziert werden müssen. Nicht zu vergessen: Die Manns planen den Umzug nach Kalifornien, wo sie sich auf einem mit Palmen bestandenen Grundstück ein prachtvolles Haus errichten wollen. Für all das braucht die 57-Jährige Konzentration, Nerven und Zeit, die die Sorge um Monika aufzufressen droht. Ganz besonders die Nerven: Fängt das Mönle doch glatt wieder mit dem Klavier an! Und will jetzt sogar komponieren, statt sich einen Job zu suchen!

Nach wenigen Wochen ist es wieder so weit: Das Kind muss aus dem Haus.

Michael Mann eilt seiner »Maman« zu Hilfe. Er bietet an, die Schwester zu sich, seiner Frau Gret und dem neugeborenen Söhnchen Fridolin ins kalifornische Carmel zu holen. Er stehe »ja ganz gut mit ihr«, und schließlich könnten »wir Carmeller Egoisten ja auch einmal etwas tun, zumal es sich um etwas zu handeln scheint, wozu man in Princeton – ganz praktisch gesprochen, wohl einfach keine *Zeit* hat«. Monika würde gewissermaßen nach Kalifornien vorausreisen, und die Eltern seien entlastet. Dafür könnten, weiß Gott nicht zum ersten Mal, ein paar Rechnungen des Musikerhaushalts von den Eltern beglichen werden, oder?

In seinem Brief liest der erst 21-jährige Michael seiner Mutter aber auch, bei allem Respekt, die Leviten. Gerade erst hat Agnes Meyer Thomas Mann ermahnt, mit der verstörten Monika nachsichtiger zu sein – jetzt nimmt auch Michael die Schwester gegen die »zu ungeduldige« Katia in Schutz: Es sei »auf alle Fälle zuviel verlangt, dass man, da es nun doch keine 2 Monate her ist, dass ihr Leben, ihre vermeintliche Zukunft, ihre vermeintliche Lösung der Probleme gegen ihre Familie etc., halt: die letzten Jahre von einem Tag auf den anderen wie ein Kartenhaus zusammengefallen, nun schon wieder neue Iniziative erwartet; und es ihr verübelt, dass sie sich stattdessen nun ersteinmal um so mulmiger in ihre Musik hineinwühlt.« Logisch, dass Monika sich in sich zurückziehe, besonders gegenüber ihrer Mutter, »da – darüber braucht man sich doch nicht zu täuschen – ihr Verhältnis zu Dir eben wohl einmal unheilbar ist«.

Michael ist nicht der Einzige, der das »Mielein« ohne Verklärung liebt. Trauma ist kein Begriff aus ihrem Kosmos, Geduld nicht ihre Stärke. Auch Golo Mann hat seiner Mutter einen Mangel an Empathie attestiert: Sie sei klug, aber »völlig unfähig«, sich in andere zu versetzen, außerdem »enorm egoistisch«.

Monika Mann reist im Frühling 1941 also zu Michaels Familie nach Kalifornien. In Carmel stellt sich rasch heraus: Langzeitbesuch stört, selbst wenn er kein Familienmitglied, heiter und frei von Albträumen wäre. Thomas Mann, beunruhigt: »Das unselige Mönle kann sich in Carmel nicht länger halten. Die Kinder dort haben ein Ultimatum gestellt, dass sie von ihnen genommen werden muss, sonst reißen sie aus.« »Nicht sehr nett« von Michael findet das Elisabeth, allerdings aus sicherer Distanz im 3600 Kilometer entfernten Chicago.

»Medi« überlegt, wo Monika »ungestört blinzeln, und ihrer kleinen Lebenslüge nachhängen«, sprich: sich der Musik widmen könnte, ohne die Eltern, vor allem die Mutter, zu sehr zu belasten. Auch Erika grübelt, »was man mit *Moni* tun könnte. Ist ja auch ein ganz *unseliges* Problemata«.

Katia Mann seufzt und mietet für die verwitwete Tochter kurzerhand ein Apartment in Santa Monica an, nahe des Übergangshauses der Eltern, in dem diese auf den Einzug ins eigene Heim am San Remo Drive 1550 in Pacific Palisades warten. Natürlich sei es ein Schock für »poor old Moni«, sich außerhalb des familiären Schutzraums wiederzufinden, schreibt Katia ihrer Freundin Molly Shenstone, »it made her feel anew that she really belongs nowhere, (…) there is in fact no right thing for her, that is the tragedy.« Klavier und Auto werden Monika gestellt, die Mahlzeiten nimmt sie bei den Eltern ein. Sie wird mitgenommen zu all den emigrierten Künstlern, die es nach Kalifornien verschlagen hat: Feuchtwangers, Werfels, die Familie von Bruno Walter; bei einer *gardenparty* in Hollywood ist der Komponist Arnold Schönberg Monikas Tischherr, es fehlt nicht an gesellschaftlichem Glanz. Man will sie unterstützen und vertraut auf Selbstheilungskräfte und die Macht des Alltags.

Aber Monika tut eben nichts. Weder sucht sie sich in Kalifornien eine berufliche Beschäftigung, noch hilft sie den Eltern, die hier, bizarre Erfahrung, oft ohne Hauspersonal dastehen. Dass Monika daheim keinen Finger rührt, ist Dauerthema. Erika kocht bei ihren Aufenthalten und sorgt für Stimmung, Golo bewährt sich als Abspüler und netter Hausgenosse. Monika ist weder nützlich noch unterhaltsam. Beim Mittagessen sitzt sie »bleich und starr« herum, abends erscheint sie oft nicht mal zu Tisch, wenn alte Familienfreunde geladen sind. Ach, »la pauvre Moni«: Klaus stellt auf Besuch fest, dass sich die Miene der Schwester ins »Altjüngferliche« verändert, und wie schnell kommen ihr jetzt immer die Tränen, nicht nur bei der Nachricht vom Tod der geliebten Großeltern Pringsheim. In seinem Tagebuch fügt Klaus an: »Ach, wir Armen«. Auch er ist nicht glücklich, doch Monika hat sich »zur Rolle des völlig unnützen Sonderlings entschlossen«, klagt die Mutter ihrer Tochter Elisabeth.

Dabei lautet doch die Familiendevise: Wer kann, der tut. Alle Geschwister halten sich an dieses ungeschriebene Gesetz, zumal das Geld im amerikanischen Exil nicht mehr so locker sitzt wie einst. Erika macht publizistisch gegen den Faschismus Front, dynamisch wie eh und je. Klaus kämpft gegen Liebeskummer, Drogen und Lebensmüdigkeit, bringt aber in New York seine anspruchsvolle, wenn auch defizitäre Monatszeitschrift *Decision* heraus, später seine Autobiografie *The Turning Point*. Golo haust mal in einer WG in New York mit Carson McCullers und W. H. Auden (des britischen Passes wegen auch Ehemann von Erika Mann), mal bei den Eltern in Pacific Palisades und hilft als Chauffeur und Sekretär aus, bevor er eine Lehrstelle in Michigan ergattert. Der junge Vater Michael ist weiterhin jähzornig, aber bald Berufsmusiker. Die Professorengattin Elisabeth hat es als Einzige zur finanziellen Unabhängigkeit gebracht und reüssiert als junge Mutter sowie als Assistentin ihres Mannes, des antifaschistischen Literatur- und Politikwissenschaftlers Guiseppe Antonio Borgese.

Was die Familie Monika übelnimmt: Sie scheint durch die Schiffskatastrophe so gar nicht geläutert. Dass bei Monika »die Gaben mangeln, ist ja gar kein Zweifel, aber mein Gott, das ist eben nicht das Einzige, und das Zusammenleben mit dem egozentrischen, verstiegenen, narzisstischen, dabei oft sonderbar aggressiven und ungnädigen Geschöpf hat sein Trostloses«, schreibt Katia an »Aissisohn« Klaus. Und ausgerechnet dieses faule Sorgenkind bleibt den Eltern nun erhalten: »wirklich bitter«.

Wer lange recht robust in dieser Angelegenheit geblieben ist, ist ausgerechnet Thomas Mann. Überhaupt fällt auf, dass er allen Kindern gegenüber jetzt mehr Interesse und Milde aufbringt. Er äußert sich stolz über guten Willen und Strebsamkeit, schreibt warme Briefe, spricht Mut zu. Ist es das Alter? Oder die Entwurzlung durchs Exil?

Auch für Monika empfindet er Mitgefühl. Er ist es wohl, der ihr in ihrer Lebenskrise den Roman Tolstois gereicht hat, aus dem sie in ihrem Brief an Jacob Hess zitiert: *Anna Karenina*. Auch der Vater hat ihn gerade wieder gelesen. Er, der als Schriftsteller die Wirkungsmacht der Literatur beschwört, glaubt unbedingt an die Heilkraft dieses Werkes über Familie, Ehe, Sinnsuche, Tod und Erkenntnis: »Wenn irgend etwas das Lebensgefühl stärken kann, so ist es dies«. Das Leiden literarischer Figuren zu durchleben, sich zu spiegeln, auch in ihrem Reifeprozess und ihrer Demut – vielleicht wirkt dies auch therapeutisch auf Monika.

»Alle glücklichen Familien sind einander ähnlich, jede unglückliche Familie ist unglücklich auf ihre Weise«, mit diesem berühmten Satz lässt Tolstoi sein Opus beginnen. Was denkt Monika, als sie diese Zeilen liest? Mit dem Herzschmerz der verlassenen Kitty jedenfalls kann sie sich identifizieren. Und gleich im Anschluss liest sie Tolstois *Krieg und Frieden*.

Aber letztlich ist entscheidend, was Katia aushalten kann.

Wenn sie schwächelt, schadet dies Thomas' Arbeitsruhe. Und Katia wird mürbe. Dass Monika »freilich nichts« tut, dass man einzig bei diesem Kind »von einer gewissen Minderwertigkeit sprechen« müsse, ist nur eine Äußerung Thomas Manns, die zeigt: Jetzt wird es ernst. Im April 1942 notiert er im Tagebuch: »Nach dem Abendessen Einreden Bibi's auf Moni. Sprach mit Erika, dann auch mit K. über diese und ließ meiner Erbitterung über ihre Existenz die Zügel schießen. Drang auf ihre Entfernung.«

Im Herbst 1942 geht Monika nach New York, ans andere Ende des Landes. Halb schob man sie, halb wollte sie weg. Mehr Abstand zu den Eltern ist derzeit nicht möglich. Seit Ende 1941 befindet sich durch den Angriff auf Pearl Harbour und die Kriegserklärung Deutschlands auch Amerika mitten im Zweiten Weltkrieg.

Das vertraute Muster: Wohnen in Hotels und Apartments, finanziert von den Eltern. Klavierunterricht, natürlich, denn in ihrem »Infantilismus« (Katia) glaubt Monika wohl immer noch, dass, wenn man nur lernt, »niemand mehr von einem verlangen kann«. Jetzt heißt der Lehrer Kurt Appelbaum, ein emigrierter Pianist, der Thomas Mann für dessen Starthilfe in Amerika einen Gefallen schuldet. Wäre es nicht »vollends entzöckend«, wenn »Appeli« Monika »heimführte«, wie Erika spekuliert? Wer kann, der tut, und wer nicht kann, möge wenigstens heiraten: Ehefrauen sind versorgt. Doch es gibt keine Romanze. Und bald keinen Unterricht mehr. Still verklingt der Traum, aus der Musik je einen Beruf zu machen.

Nach zwei Jahren New York erreicht die Eltern in Pacific Palisades ein »höchst trübseliger« Hilferuf. Katia Mann erzählt dem Ältesten Klaus von dem »für mein Gefühl nicht völ-

Im Abseits: Monika (auf der Tischtennisplatte) im amerikanischen Exil, Pacific Palisades, mit ihren Eltern Katia und Thomas Mann und der älteren Schwester Erika

lig aufrichtigen und etwas peinlich literarischen Brief« Monikas, in dem diese »zerknirscht über die Sinnlosigkeit und Verfehltheit ihres Daseins klagt«. Aber wenn Katia daran denkt, wie Monika »seit ihrem achtzehnten Jahr alle Ermahnungen und Ratschläge in den Wind geschlagen (…) und ihre abgründige Faulheit immer hinter dem fadenscheinigen Musik-Mäntelchen verborgen hat, (…) ist es schwer, ihr zu raten und zu helfen.« Wenn man »irgendwie an freien Willen glaubt, so hat sie es sich ganz allein zuzuschreiben«.

Auch das ein Muster in Katias Augen: Monikas Bedürftigkeit bei gleichzeitiger Beratungsresistenz, begleitet von Zusammenbrüchen. Nein, fürchtet die Mutter, daran wird sich nie etwas ändern. Trotzdem will sie besorgt wissen, wie es Monika geht, ob sie tatsächlich Stenografie lernt, ob sie kocht, was sie treibt. Erika Mann zieht bereits gnadenlos Bilanz: »Urmimchens Putzvasen, – soviel ist richtig, – *können* nicht nutzloser gewesen sein als diese, meine Schwester.«

Thomas Mann ermahnt sich selbst wegen Monikas Brief im Tagebuch: »Wahrscheinlich darf man sich nicht zu weich dadurch machen lassen.« Das klingt zögerlich. Womöglich besteht bei ihm dazu eine leise Gefahr.

Mitte der Vierzigerjahre ist Monika Mann 35 Jahre alt, kinderlose Witwe und ohne jede Erfahrung mit Erwerbstätigkeit. Ihr Exil: ein Trauerspiel. Mit den Eltern stehen die Dinge kritisch, zwischen 1943 und 1948 gibt es nur drei Treffen in Pacific Palisades. Die sehen etwa so aus wie ein Foto aus jener Zeit: Thomas, Katia, Erika sitzen als geschlossene Gesellschaft auf der Terrasse, ins kluge Gespräch vertieft. Monika hockt wie ein bockiger Teenager mit angezogenen Knien auf der Tischtennisplatte, im Abseits.

In New York hält Monika liebevollen Kontakt mit Klaus, der sich wie Golo inzwischen als Soldat der US-Army angeschlossen hat. Und sie hat eine alte Freundin wiedergefunden: Kadidja Wedekind, die Tochter des Dramatikers Frank Wedekind. Ihr hat sie damals als Mädchen ihr Herz ausgeschüttet. Kadidja ist Schriftstellerin, seit 1937 als »freiwillige Emigrantin« in Amerika, und sie ist sich nicht zu schade, als Verkäuferin und Kinderfräulein zu arbeiten. Seit sie der Rednerin Erika bei einem ihrer arg holzschnittartigen Vorträge bei der Behauptung, es gebe nur aktive und passive Nazis in Deutschland, widersprochen hat mit dem Hinweis, dass dort auch viele Unbequeme, Homosexuelle, Behinderte verfolgt worden seien, ist diese Münchener Jugendbeziehung getrübt. Mit Kadidja also, dieser forschen Person, teilt sich Monika eine Wohnung.

Apropos Schriftstellern: Mit Zeichnen und Musizieren hat sie es versucht, mit dem Schreiben noch nicht. Jetzt wagt sich Monika in New York an literarische Skizzen. Nach einem Gang in »sehr großer feuchter Hitze« über die Washington Bridge formuliert sie: »Die mauvefarbene Vision einer Skyline. Das Windwehen ein Orgasmus.« Mitte April 1945, der Krieg ist fast vorbei, verfasst sie ein *Tagebuch* – auf Englisch, das gehört für assimilationswillige »Weltbürger« dazu. Der Text wird erst posthum veröffentlicht werden und ist eine erste Lebensbilanz.

»… she really belongs nowhere, (…) there is in fact no right thing for her …« Hat Katia Mann recht? Gehört Monika nirgendwohin, gibt es »das Richtige« nicht für sie? Deren *Tagebuch* liest sich wie ein Verteidigungsbrief, adressiert an einen imaginären Fremden »mit tiefer Stimme« – tief wie die Stimme ihrer Mutter.

Monika schreibt: »Herumbummeln«, wie man ihr vorwerfe, tue sie keineswegs, aber sie habe sich noch nicht gefunden. Man sage, sie habe das Zeug zur Künstlerin, doch Verträumtheit und Faulheit stünden dem im Wege. Dabei sei sie »nüchtern, ordentlich und fleißig – aber man glaubt mir nicht«. »CONTRE COEUR« wolle sie nichts tun, »lieber nichts tun als etwas Falsches!« Und das liege auch nicht daran, dass ihre Eltern sie finanziell unterstützten. Was sie suche, sei eine »Mission«: »Ich strecke die Hand nach etwas aus, das mich innerlich befriedigt – und ich weiß, dass es existiert.« Es gibt eine Anspielung auf ihre psychische Labilität: »Ich glaube nicht, dass es meine Krankheit oder Schwachheit ist, die mich bislang daran gehindert hat, meinen Weg zu finden. Nein, durchaus nicht. Ich bin einfach noch nicht so weit«. »Das Richtige« könne sie nicht herbeizwingen, nur voller Vertrauen darauf warten. Ein »Zuspät«, das gebe es nicht: »… man muss leben, man muss Zeit gewinnen, um Rückschau zu halten auf die öden oder wilden Tage, die man durchlebt hat, man muss zu sich selbst kommen (…) --- es braucht Zeit, es braucht einfach Zeit.«

Zu Monikas Selbstanalyse gehört auch das Nachdenken über ihre weibliche Rolle. Was ist eine Frau ohne Mann? Ist sie wirklich verloren, weil sie ihren Ehemann verloren hat? Nein: »Ich liebe nun mal das Leben.« Trotz ihrer Trauer empfinde sie Dankbarkeit und Stolz, es gerettet zu haben. »Ich bin nicht ausschließlich eine Frau, sondern ich versuche ein Mensch zu sein.« Ein Mensch, nicht nur definiert durch seine Tragödie, sondern »immer noch ich«. Man mag von den schlimmsten Schlägen getroffen werden, »der Felsen der Existenz ist stets derselbe«.

Störrigkeit oder erstaunliche Resilienz? Niemand sieht etwas in ihr, das einem Felsen gleicht, oder traut ihr gar zu, eine »Mission« zu finden. Aber es muss mindestens ein Mensch an einen glauben, manchmal ist man es selbst. Was Monika stärkt auf ihrer Sinnsuche: der Glaube, zu dem sie gefunden hat. Was »Er« von ihr erwarte, das fragt sie sich in ihrem *Tagebuch* – vielleicht, »ein christliches Leben zu führen – zu lernen, was unser Leben ausmacht und das unserer Nächsten«.

Ihre Eltern und Erika bekommen dieses Dokument einer Selbstanalyse nie zu Gesicht, vielleicht besser so.

Dass sich Monika mit ihrer Wohnungsgenossin Kadidja streitet, ist ebenfalls darin Thema. Womöglich findet es Kadidja, die sich jeden erschufteten Dollar vom Munde abspart, um ihrer Mutter Tilly und ihrer Schwester Pamela – einst engste Freundin von Klaus und Erika – Care-Pakete ins Nachkriegsdeutschland zu schicken, einigermaßen degoutant, wenn ihre Freundin sich weigert, »contre coeur« zu arbeiten. Und stattdessen existentialistische Reden schwingt, während die intelligente Kadidja genau weiß, dass ihre Freundin massive Probleme hat, durch den Schicksalsschlag, die familiäre Situation, die emotionale Heimatlosigkeit.

Denn in New York fühlt sich Monika belauert. Sie hat das Gefühl, jeder wüsste von ihrem Schicksal und »alle Leute würden mich anstarren und flüstern: ›Sie muss aus einer schrecklichen Welt gekommen sein.‹« Klaus lässt sich eine Aufgabe für sie einfallen: die Rohübersetzung seiner auf Englisch verfassten Autobiografie *Der Wendepunkt* (*The Turning Point*). Und 1947 kann sie tatsächlich vermelden, dass die *Neue Rundschau* einen Text von ihr drucken wird. »Der Eri«, berichtet Katia Mann an Klaus, »wurde ganz schlecht«. So übel findet die Mutter das Stück über New York dann aber gar nicht, sie gönnt »dem armen Ding« die Genugtuung, zumal dies »einem der übrigen Mitglieder der amazing family« wohl nicht schade. »Natürlich hat ihre literarische Ambition etwas Anstößiges.« Andererseits: »Was in der Welt sonst kann sie, schwach, träge und hochmütig, wie sie einmal ist, mit sich anfangen?«

Sie könnte eine Affäre beginnen, und das tut sie auch. Monika, mit Ende 30 zart und mädchenhaft hübsch, sieht sich keineswegs als *old spinster*. Der Drehbuchautor Richard Schweizer ist kein *nobody*, sondern erhält für die Arbeit an

Fred Zinnemanns Film *Die Gezeichneten* einen Oscar, ein Freund der Familie ist er auch. Sinnlichkeit, die immer wieder in Monikas Texten aufglänzt, bedeutet jetzt die Rückkehr zum Leben. Aber Schweizer ist verheiratet und die Affäre nur eine Episode. Und auch mit Kadidja kommt es zum Bruch, sogar Thomas Mann erfährt davon.

Alleinsein und Schwierigsein, das sind problematische Gefährten, sie verstärken einander: kein Gegenüber, kein Korrektiv. Das »trübe Problem Moni« wird 1948 intensiv in Thomas' Tagebuch behandelt, oft gibt es im Familienkreis eine »Diskussion über die arme Moni«, und der Vater schwankt zwischen Mitgefühl, Überdruss und Ironie: »Moni verstört und leidend aussehend, dabei kritisch, – unselig. Armes Kind.« Ach, würde sie sich nur weit weg in der Schweiz niederlassen, »wo das Arbeiten untersagt ist und sie also ein ehrenwertes Leben führen kann«. Viel Hoffnung auf diese Tochter setzt er nicht mehr.

Im Juli 1948 feiert Katia Mann ihren 65. Geburtstag, und das Haus in Pacific Palisades ist voll mit Familie. Auch Monika ist angereist. »In Tränen aufgelöst« vertraut sie sich Klaus über ihr Unglück an, der sie tröstet und in seinem Tagebuch festhält: »Nicht ungerechtfertigter Anfall einer Depression …«

Damit kennt er sich aus, es geht ihm selbst schlecht. Als Soldat der US-Army hat er gegen das Nazi-Regime gekämpft, aber diese Sinnstiftung ist seit Kriegsende vorüber. Als Schriftsteller steht er im Schatten des Vaters. Seit dem Emigranten-Roman *Der Vulkan* will Klaus nichts Erzählendes mehr gelingen, und es sieht so aus, als dürfe sein Roman *Mephisto* über einen Nazi-Karrieristen nicht im Nachkriegsdeutschland erscheinen. Seine engste Vertraute Erika hat derweil eine neue

Aufgabe. Sie wird den Vater unterstützen als Sekretärin, Beraterin, Hofnärrin, während Klaus mit leeren Händen dasteht. Alle seine Versuche, von Drogen loszukommen, sind gescheitert, mehrere Selbstmordversuche auch. Ihm fehlt ein Partner, und mit seinem unstandesgemäßen Liebhaber erlebt er beschämende Szenen.

»Ruhe gibt es nicht, bis zum Schluß«, hat Klaus im *Wendepunkt* geschrieben. Ruhe ist, was er ersehnt. In seinem kalifornischen Apartment dreht er den Gasherd auf und schneidet sich die Pulsadern auf. Er überlebt, aber die Presse erfährt davon und berichtet weltweit.

Die Familie, versammelt in Pacific Palisades, reagiert überfordert. Katia ruft spontan aus: Wie könne man es nur so schlecht anstellen, wenn man sich schon umbringen wolle! Monika hört, wie ihr Vater verächtlich sagt: »Das macht die Kröger.« Nelly Kröger, die Frau von Heinrich Mann, der das vulgäre »Stück« zum totalen Unverständnis aller geliebt hat, »die Kröger«, die sich, im Exil nie angekommen, 1944 umgebracht hat. So etwas also »macht die Kröger«, findet der Vater, dessen beide Schwestern sich vor vielen Jahren ebenfalls das Leben genommen haben. Monika ist geschockt. Wenn die Eltern so auf den Suizidversuch ihres talentierten Sohnes reagieren – wie viel Empathie hat ein Kind zu erwarten, das dauernd enttäuscht?

Das Drama schaukelt sich hoch. Thomas Mann notiert, dass Monika sich mal »stumm«, mal »infantil«, mal »hysterisch« verhält und seine Frau Katia dadurch unendlich reizt. Es kommt zu einer schrecklichen Szene. Zeuge ist der achtjährige Frido, Michaels Sohn. Er hat monatelang bei den Großeltern gelebt, zur Entlastung seiner Eltern, die mit Michaels

Musikerlaufbahn und ihrer schwierigen Ehe beschäftigt sind. Frido verfolgt die Auseinandersetzung zwischen Thomas, Katia und Monika vom Nebenzimmer durch eine halb zugezogene Schiebetür: »Von meiner Großmutter höre ich donnerndes Gebrüll, während mein Großvater schweigt. Monika stampft schluchzend und schreiend mit dem Fuß auf.«

Als der Sturm sich legt und die Frauen verschwunden sind, läuft Frido verschreckt zum Großvater: Was denn geschehen sei? Monika müsse fort, erklärt Thomas Mann seinem Enkel ruhig: »Früher war die Tante Moni ein ausgesprochen netter und freundlicher Mensch. Aber seit dem, was ihr damals auf dem Schiff Furchtbares passiert ist, ist sie völlig verändert, nur noch schwierig und zurückgezogen und eben überhaupt nicht mehr so, dass man mit ihr zusammen sein mag.«

Monika wird kurz darauf von Michaels Frau Gret nach »arger Szene, blödem Gebahren« (Thomas Mann) abgeführt, zur größten Erleichterung von Katia, und in den Ananda Ashram, ein anthroposophisches Guest House, gebracht. Von dort verschwindet sie und taucht unter. Sie schreibt Bettelbriefe an die Eltern, verlangt einen Nervenarzt. Was sie damit vielleicht einfordert: eine Diagnose ihrer mentalen Verfassung und damit Verständnis.

Selbstmordgefährdet allerdings ist Monika nicht. Sie liebt das Leben. Soll ihr Vater sich doch emotional schonen wie einen Sonntagsanzug, ihre Sache ist das nicht, sie setzt sich ihren Gefühlen radikal aus. Anstrengend ist das, für alle.

Aber es gibt Menschen, die helfen wollen, und die überraschendste Unterstützung kommt von Kadidja Wedekind. Die Wohngemeinschaft in New York ging über ihre Kräfte, aber einen Freundschaftsdienst leistet sie nun trotzdem.

Im Oktober 1948 war sie bei Thomas und Katia Mann zum Tee in Pacific Palisades, und wie die beiden über Monikas jüngste Szene gesprochen haben, arbeitet in ihr. Im November 1948 schreibt sie an Heinrich Mann. Den »sehr sehr verehrten und geliebten Onkel Heinrich« findet sie menschlicher als seinen strengen Bruder, und sie empfindet es als Pflicht, ihm zu sagen, dass »der Fall keineswegs so scherzhaft liegt, wie er behandelt wurde. Ich muss darüber wohl noch Ihrem Bruder schreiben, denn ich kann das Licht, das mir durch den Umgang mit Monika aufgegangen ist, nun nicht unter den Scheffel stellen.« Heinrich Mann fragt sofort nach: Monika habe zu ihm Vertrauen, ob er etwas wissen müsse, vermitteln solle?

Nein, antwortet Kadidja, um Vermittlung gehe es nicht. »Leider ist es nicht einfach ein Streit, der uns trennt, sondern etwas Anderes: das arme Geschöpf hat, wie wir zu sagen pflegten ›einen Klaps weg‹. Sie weiss es auch selbst.« Dass Heinrich die Sache nie scherzhaft genommen habe, wisse sie, deshalb vertraue sie sich ihm ja an: »Ich habe immer wieder, auch Monikas Eltern und Geschwistern gegenüber betont, dass es keine Frage von Monikas ›Schuld‹ ist. Dr. Karen Horney, eine der besten Psychologen unserer Zeit, meint, dass solche Zustände sich entwickeln, wenn Kinder sich von ihren Eltern zurückgesetzt und schlecht behandelt fühlen – und meistens mit Recht. Kinder brauchen Liebe, wie Pflanzen Sonne brauchen, sonst gedeihen sie nicht. Ich glaube, ein Beweis dafür ist die ausserordentliche Wohlgeratenheit von Medi.« Ja, sie werde Thomas Mann schreiben, »und wahrscheinlich werde ich ihm nicht einmal etwas für ihn Überraschendes mitteilen«.

Self-analysis und *The Neurotic Personality of our times* heißen die Publikationen der deutsch-amerikanischen Psychoanalytikerin Horney, die darin Lieblosigkeit in der Kindheit und eine »Grundangst« als Ursache von Neurosen beschreibt. Will Kadidja Thomas Mann wirklich ins Gesicht sagen, dass die Eltern eine Mitverantwortung am »Fall« Moni tragen? Kühn.

Sie wagt es dann doch nicht. Stattdessen schickt sie einen Brief an die Freundin, den das Ehepaar Mann auch zu Gesicht bekommt und als »eher schonend« bewertet. Monika antwortet unversöhnlich.

Jahre später schreibt die kluge Kadidja Wedekind: »Wir wissen, was Enttäuschung, zurückgestoßenes Liebesbedürfnis, Einsamkeit und unterdrückter Betätigungsdrang in einem Menschen anrichten können – dass die Seele erkrankt und das Menschenleben von innen her zerstört.«

Und in Monika Manns amerikanischer Tragödie beginnt der letzte Akt.

Nach dem Eklat mit den Eltern wird der Umgang miteinander notdürftig geflickt. Eine Weile darf Monika auch bei Klaus' Freund Charles Neider und dessen Frau Vivian wohnen. Charles erinnert sich an sein Erstaunen darüber, dass eine so zarte Frau das Wasser des herbstlichen Nordatlantiks überleben konnte, und an ihre Bemerkung, sie könne nicht atmen in Pacific Palisades – der Vater verbrauche »den ganzen Sauerstoff im Haus«.

1949 begleitet Monika ihren Bruder Michael kurzentschlossen auf eine Reise nach Europa. Sie wollen dort eigentlich Klaus treffen. Dazu kommt es nicht. Der 42-jährige Klaus Mann nimmt sich im Mai 1949 in Cannes das Leben, in einem der unzähligen Hotelzimmer seines ruhelosen Lebens.

Später wird Monika über ihn, ihren engsten Vertrauten aus

diesem Familienclan, schreiben: »Der Klaus verstand es, zu erleichtern und zu teilen.« Witzig sei er gewesen, aber nicht kühl und ironisch. Und: »Was er zu dulden und zu leiden hatte, litt und duldete er allein.« Erika sammelt Beiträge für ein Gedächtnisbuch, Monikas Text sortiert sie sofort aus.

1950 stirbt dann Heinrich Mann, auch er einer, der mit der unglücklichen Nichte sympathisiert hat.

Nach der Europareise überlegt die kinderlose Monika, Kindergärtnerin zu werden, doch der geistliche Leiter der Einrichtung winkt ab. Also Schreibkurse im ländlichen Massachusetts. Flehentliche Briefe ergehen an die Freunde Charles Neider und Hermann Kesten mit der Bitte um Gesellschaft, Rat, Perspektive: »Ja, ich bin allein«. Sie muss das schriftlich äußern, telefonieren könne sie nicht, sie sei zum Sprechen »zu verwirrt und ›entwurzelt‹«.

Monika dreht sich im Kreis. Jetzt hilft nur noch ein radikaler Ortswechsel.

Auch die Familie wendet sich inzwischen von einem Amerika ab, in dem im Klima des Kalten Krieges wieder Künstler auf Schwarzen Listen landen. Es ist nicht unbedingt der elterliche Wunsch, aber Monika macht sich ebenfalls auf den Heimweg nach Europa, obwohl sie 1952 die amerikanische Staatsbürgerschaft erhalten hat. Ihr Ziel: Italien. Dort war sie schon einmal glücklich, mit Lányi.

Eine andere einsame Künstlerseele, die ihr unbekannte Schriftstellerin Patricia Highsmith, ist gerade dort gewesen. Sie notiert in Rom: »Das Herz lebt von Hoffnung und Zuversicht. Melancholie und Verzweiflung sind sein Tod. Aber man muss im Herzen völlig sterben, um wiedergeboren zu werden.«

Was Monika Mann weiß: In ihr gibt es diesen »Felsen der Existenz«, der ihr geholfen hat, zu überleben, und an dem sie sich weiter festklammert.

Was sie spürt: Sie braucht an ihrer Seite einen Menschen, dem sie traut. Ein Gegenüber, eine »Menschenseele, die mir hilft«, um zur Ruhe zu kommen.

Emanzipiert ist das nicht, aber ehrlich.

Eidechsen aus Eis und Gold

Auf der Küchenterrasse der Villa Monacone duften vertrocknete Piniennadeln, und abgefallene Bougainvilleablüten rascheln freundlich über den Steinboden. Weg müssen sie trotzdem. Gefegt wird mit Besen und Kehrichtschaufel.

In der Spüle liegen benutzte Kaffeeschalen, Teller und Pfanne, ebenfalls per Hand zu reinigen. Zwischen der schmalen Arbeitsplatte und dem Schrank kann man sich gerade umdrehen, so klein ist die Küche. Weil es auf dem rot-weißen Steinboden im Wohnzimmer bei jedem Schritt leise knirscht, muss gewischt werden. Bett und Wäsche sind auch zu machen, vor dem Kamin liegen Aschereste, und die schlaffen Gladiolen in der Bodenvase gehören in den Abfall.

Monika Mann, die sich bei häuslichen Pflichten in Pacific Palisades zurückgehalten hat, stellt auf Capri erstaunt fest: So ein Haus macht ziemlich viel Arbeit. Mit ihren zwei Zimmern, Küche, Bad, Terrassen und Garten ist sie manchmal den halben Tag beschäftigt. Hilfe ist schwer zu kriegen – jedenfalls für sie, die im Ort als spröde und strenge *tedesca* gilt, deren Stimme schnell etwas schrill wird. Da arbeitet man womöglich nicht gerne. Das ist jetzt so, Anfang der Sechzigerjahre, und wird so bleiben. Manchmal erbarmt sich »die Tante«,

Antonios Verwandte, aber meistens erledigt Monika alles selbst. Sie beklagt sich nicht. Im Gegenteil, die häusliche Routine gefällt ihr. Worum man sich kümmert, das gehört einem irgendwie.

Und Monikas Leben auf Capri, das dem Rhythmus von Gewohnheiten folgt, ist ganz und gar ihres und selbstgewählt. Morgens Aufräumen und Schreiben, mittags Kochen, nachmittags Lesen, abends Musikhören. Zwischendurch das so wichtige Gehen: Meditation, Genuss für die Sinne und Fitnessübung in einem. »Das ›mondäne‹ Capri ist ein rechtes Kitschspielzeug«, schreibt Monika ihrem Münchener Freund Richard Raupach, aber den »fast heiligen Charme« seiner landschaftlichen Schönheit feiert sie jeden Tag. Das Meer hat sie stets vor Augen. Es ist kein Schrecken mehr und Schauplatz schauerlicher Albträume, in denen tote Kinder auf aufgewühlten Wogen tanzen, sondern allmählich ihr Freund geworden.

»Glücklicherweise«, so die Psychoanalytikerin Karen Horney, »ist die Psychoanalyse nicht der einzige Weg zur Klärung innerer Konflikte. Das Leben selbst therapiert immer noch sehr effektiv.«

Routinen ordnen die Existenz, das kennt Monika von daheim.

Ein guter Tag auf Capri beginnt in der Früh um sieben, wenn das Licht ins Zimmer drängt. Der Blick vom Bett geht ins Himmelsblau, ins Gefieder der Palme, die sich vor dem Fenster verneigt. Eine Strähne der Bougainvillea mit ihren pinken Blüten hat sich vom Schilfdach der Veranda gelöst und wiegt sich in der Brise. Die nackten Füße auf dem Steinboden, der Gang in die Küche. Eine Blutorange von der Insel, ein mit braunem Zucker geschlagenes Eigelb, eine Tasse Mokka, sie

»jagen mir den Schlaf in den Wind und lassen mich's von Grund auf spüren, welch ein Segen Essen ist!«

Frisches Gemüse und Obst holt Monika beim Bauern Zachaeus, dessen Garten eine Stunde Fußmarsch von der Villa Monacone entfernt liegt. Der Alte füllt Bohnen, Fenchel, junge Erbsen, Karotten und Tomaten in ihr Netz, macht zum Dank für den Einkauf ein Kreuz über ihr und wünscht eine friedliche Mahlzeit. Mittags gibt es Tomatensalat, gekochte Karotten mit Olivenöl, Zitrone und Salz, ein Stück Schafskäse und einen Schluck Chianti. Das Abendmahl ist oft frugal: heiße Milch mit Cognac, eingewecktes Obst, saftiges Vollkornbrot. Manchmal bringt Antonio Spadaro frischen Fisch, selbst gefangen. Beim Essen kommen Monika die Zeilen des Dichters Walt Whitman in den Sinn: »For I bestow upon any man or woman the entrance of all gifts of the universe.« Auch die Früchte der Natur sind Gaben des Universums.

»Ich bin verliebt in das Leben im Freien«, schreibt Whitman, und Monika ist es auch. Auf Capri ist sie ausschließlich zu Fuß unterwegs. Eine halbe Stunde dauert der Spaziergang zur Villa Jovis, entlang der Gärten der Dorfhäuser mit ihren Zitronenbäumen, an denen dicke *femminello*-Früchte in pockennarbiger Schale hängen. In weiteren zehn Minuten erreicht man die elegante, ein wenig anrüchige Villa Lysis des französischen Bonvivants Jacques d'Adelswärd-Fersen, der die Décadence zur Kunst erhob und selbst seinen Abgang (Kokain, aufgelöst in einem Glas Champagner) als Performance gestaltete.

Auch ins höher gelegene Dorf Anacapri, wo sich die meisten Wein- und Gemüseanbauer der Insel finden, steigt sie zu Fuß auf, das dauert eine knappe Stunde. Der Rivalität zwischen dem »oberen« und dem »unteren« Dorf Capri wegen werden der Einfachheit halber gleich alle Anacapresen von den Bewohnern des Hauptorts verächtlich »Bauern« genannt. Sogar die Schutzheiligen beider Orte – symbolisiert als hölzerne Figur des San Antonio und als silberne des San Costanzo – sollen sich in herzhafter Abneigung verbunden sein. Monika wundert sich und nimmt es, wie es ist. Sie hat nichts gegen Anacapri, dort besitzt ihr Bekannter Graham Greene ein Haus.

Auf dem Rückweg beobachtet sie die bärtigen Männer auf der Piazzetta, die sich in aufgekrempelten Hosen und Holzpantinen, Pfeife im Mund, Mütze auf dem Haupt, die Sonne ins Gesicht scheinen lassen und dem Leben zuschauen, zum Beispiel den jungen Leuten, die *à la bohème* barfuß über das heiße Pflaster schlendern. In den Gassen stehen Straßenkehrer beieinander und reden, auf ihre Besen gestützt. Eine alte Frau holt Wasser, am Brunnenrand lehnen ihre Krücken. Ihre Eindrücke verarbeitet Monika in kleinen Feuilletons. Während der Spaziergänge entwickeln sich ihre Gedanken – auch dieses »Faulenzen«, das »Nichtstun«, findet sie, »ist ja fruchtbar«.

Am Ortsausgang ergießen sich Kaskaden blau blühender Lithospernum-Blumen über die Felsen. Die Enzian-ähnlichen Blumen heißen im capresischen Dialekt *spaccapietre*, Steinaufbrecher, weil sie allen Widrigkeiten zum Trotz in kargem Fels gedeihen. Auf der kleinen Treppe zur Via Pizzolungo schläft eine alte Katze, Monika hält sie für blind. Sie setzt sich einen Moment auf die Stufen, um das Tier zu streicheln.

Mit der Siesta beginnt ein Spektakel der Stille: grellstes Licht, finsterste Schatten. »Die Siestastunde der Insel ist weiß, schwarz und blau, weiß ist die Stille, schwarz ist das Innere der Tore und Höfe, blau ist der Himmel, wenn der Carabiniere an der Balustrade steht und gähnt, zittert das Weiß, lauert das Schwarz, blaut das Blau bis zum Glühen, keine Katze in den Gassen, alles verrammelt und zu, keine Frucht, kein Brot, kein Gesang …« Mittags schweigt die Insel für zwei Stunden, und damit beginnt Monikas Zeit für Korrespondenz und Lesen. So verbringt sie den Nachmittag. Zuvor hat Antonio mit den wichtigsten Einkäufen auch die Post geholt und im *giornalaio* auf der Piazzetta die aktuellen Zeitungen. Monika ist diese Lektüre wichtig, ihre Abgeschiedenheit braucht eine Verbindung zur Außenwelt. Außerdem will sie ihre gedruckten Texte in den Händen halten, die vor allem in Schweizer Tageszeitungen erscheinen.

Die Abendsonne flutet die Veranda dann mit roségoldenem Glanz. Auf einem Foto lehnt Monika an einer der weißen, runden Säulen des Balkons, die Hände auf die Brüstung gestützt. Sie wirkt schlank und jugendlich, Figurprobleme sind passé. Ihre Inselkluft ist unkompliziert, sie trägt Hosen, hat die Hemdsärmel hochgekrempelt, und ihr Gesicht, im Halbprofil zu sehen, ist dem Meer und den Faraglioni zugewandt. Sie steht auf ihres Daches Zinnen, im weichen Licht.

Später wird sie hineingehen und den Plattenspieler einschalten, Musik hören in der Akustik des hohen Gewölbes. Das Feuer brennt im Kamin, und Antonio ist bei ihr.

Ruhe, die gibt es doch – für diejenigen, die nicht einsam sind.

Die Villa Monacone, eine Insel auf der Insel. »Mein Haus« nennt Monika das Anwesen, in dem sie nur zur Miete wohnt:

Insel auf der Insel: Monika Mann auf der Veranda der Villa Monacone mit Blick auf das Meer

»Das Dach ist durchlässig. Aus dem Mond fallen Käfer und Eidechsen aus Eis und Gold.«

Es ist die weiße Villa, vor allem aber Antonio Spadaro, der Monika ein Zuhause gibt. Auch die Beziehung mit ihm poetisiert sie wie ein schadhaftes Dach und uneingeladene Haustiere, genauso wie die ganze, für sie so magische Insel: Für sie ist dieser ungebildete Italiener, der tagsüber am Wegesrand Coca-Cola, Bilder der Blauen Grotte und Flaschenschiffe an Touristen verkauft, ein Aristokrat aus dem Volk, dem echten Leben enger verbunden als sogenannte Intellektuelle. Alles, was sie über Capri und dessen Gepflogenheiten weiß, erfährt sie von ihm. Er erzählt ihr vom Who's who der Insel, vom Respekt vor den Gezeiten, von seinem Boot, mit dem er ausfährt und angelt, mit der jungenhaften Geduld und Freude, die sie an ihm so mag.

Er nimmt ihre Hand, wenn sie spätnachmittags über die stille Via Pizzolungo spazieren, Reisig suchen für den Kamin, »gegen den Wind unsere Namen rufen, und wenn die Sonne sinkt und die Winterwolken im Westen aufflammen wie eine Offenbarung, tauchen wir unsere Herzen hinein, die miteinander schlagen.« Einmal hängt auf dem Heimweg ein Zweiglein in Monikas Haar. Sie bleiben stehen, damit Antonio es behutsam herausdrehen kann, und beide lachen. Es ist die Wiedergutmachung einer längst vergangenen Erinnerung, in der beim Mittagstisch ein Messerbänkchen in ihren Kinderlocken verwickelt war, großer Spaß für die anderen! Aber ihr Lachen damals den Tränen nahe.

»Sein, in der Nähe eines Menschen, dem ich traue«, danach hat sie sich gesehnt. Jetzt, in der Lebensmitte, hat sie diesen Menschen gefunden. *Liebe* heißt einer ihrer kurzen Texte aus dieser Zeit:

»… meine Erfahrungen bewußt und
unbewußt
vergangen und künftig
mein Sein von Beginn zum Ende
es ist erst in der Berührung
unserer Hände.«

Die Zeilen klingen wie eine Variation von Ornella Vanonis Song »Senza fine«, einem riesigen Hit, äußerst beliebt bei Hochzeiten. 1961 summt ganz Italien diese Walzermelodie vor sich hin, die den *attimo senza fine* feiert, den endlosen Augenblick, in dem alles in den Händen des Geliebten liegt, in seinen großen Händen, ohne Gestern, ohne Morgen.

Monika liebt Antonio – »wirklich!«, schreibt sie aus der Sommerfrische vom Ritten in Südtirol, an ihn denke sie »im-

Monika Mann in der jährlichen Sommerfrische in den Südtiroler Bergen

mer mit soviel Gefühl und tiefer Liebe«, denn »Du bist es und nur Du, den ich aus ganzem Herzen liebe. Das ist nicht nur dahingesagt. Es ist die Wahrheit.«

Zu Monikas Gewohnheiten gehört es, Capri in den Monaten Juli, August und September zu verlassen. Die Insel wird ihr dann zu heiß. Bis in die Mitte der Achtzigerjahre reist sie in jedem Sommer nach Südtirol und anschließend in die Schweiz, um ihre Mutter zu besuchen. Von diesen Reisen sind 78 Briefe und einige Postkarten an Antonio erhalten, in schöner und gut lesbarer Handschrift. Es sind Dokumente einer Liebe, schlicht formuliert in Monikas wunderlichem Italienisch – ihrer Beziehungssprache mit Antonio.

Ist sie heiter, schickt sie, inzwischen auch schon 50 Jahre alt, übermütige Kärtchen mit Bauernkindern oder verliebten Schwänen, auf der Rückseite heißt es: »Moni – Toni facendo flirt (mascalzoni!)«. Die Schlingel, sie flirten.

Ist die Stimmung gedrückt, fallen in langen Briefen die Begriffe »Sehnsucht« und »Heimweh«. Da trifft es für sie nur das deutsche Wort.

Denn weit vom »liebsten Toni« zu sein, »das ist sehr trist«, heißt es in einem Brief von 1959, da »scheint mir der Boden nicht fest genug zu sein. Ein Erdbeben wäre keine Überraschung … Sage mir, dass Du um den 18. August nach Funes kommen wirst!!! Mach' mich glücklich … Ich küsse Dich, ich grüsse Dich, ich umarme Dich innig! Immer Deine Monascella«. 1961 fühlt sie sich ohne ihn allein im Speisesaal ihrer Unterkunft »wie ein Mäuschen, das den Weg verlor«. Auf dem Südtiroler Ritten hat sie 1962 »viel *Sehnsucht* nach Dir und dem Leben in Deiner Nähe in der Villa Monacone«.

Wenn sie nur erst wieder bei ihrem »Tonili carissimo« wäre! »Im August fliege ich Dir entgegen, um dich zu umarmen. Das möchte ich *immer* machen.« Im Jahr 1963, sie ist zu Gast in Oberbozen bei ihrer Bekannten Baronesse Taubenberg, ist es auch nicht besser: »Ich habe – offen gesagt – viel *Heimwe*h nach Toni. In Deiner Nähe fühle ich mich zu Hause, weit von Dir in der Wüste. Und dann, unser Haus – Bücher, Grammophon, Bad, *Schreibmappe*, Vasen, Figuren, *süße Ecke*, alles geordnet – das vermisse ich. Entfernt davon bin ich wie ein *Zigeuner.*« Aber bald holt er sie ja am Bahnhof in Neapel ab, »beide ein wenig verschwitzt, ich, von der Reise müde, doch glücklich, dass wir zusammen sind. – Oh, wie merkwürdig ist das Leben, und wie viele Gefühle es in ein kleines Herz bringt!!! Ich küsse Dich zärtlich.«

Küsse prasselt es zuhauf: »Hier ein Riesenkuss von Monascella!«, »Herzensküsse«, »tausend Küsse«, sie küsst ihn »mit Leidenschaft«, schickt einen »unendlichen Kuss« oder, zum

Überschwang neigt sie immer noch, »einen Sack voller Küsse und dies ist ein großer---«. Sie ist eben »immer noch Dein dummes hässliches altes Mädchen, das Dich liebt« – wird aber gleich zum Friseur gehen, »um nicht wie eine Hexe auszusehen«.

Noch im Jahr 1973, da sind die beiden fast 20 Jahre ein Paar, schreibt sie dem »liebsten Toni« zärtlich: »Ich denke immer an Dich.« Sie vermisst das Zusammensein. Ohne seine Nähe fühlt sie sich »wie ein Apfel ohne Baum«.

Nur in den Sommermonaten sind die beiden getrennt, sonst verbringen sie jeden Tag zusammen. Gelegentlich unternehmen sie einen Ausflug, nach Rom oder Neapel, selten begleitet Antonio sie nach Südtirol. Meist sind sie auf Capri in der Villa Monacone. Ihr Lebensmodell ist avantgardistisch: unverheiratet und »living-together-apart« – Zusammenleben unter einem Dach, aber in zwei verschiedenen Wohnungen. Klug ist auch Monikas Gelassenheit, die unterschiedliche Herkunft nicht zum Thema zu machen.

Es stimmt schon: Das Statusgefälle ist offenkundig. Die Tochter eines Nobelpreisträgers, einst verheiratet mit einem Kunsthistoriker und liiert mit einem Oscar-Preisträger, hatte durch ihre Familie Zugang zu berühmten Dichtern, Schauspielern, Musikern aus aller Welt. Jetzt liebt sie einen einfachen Mann, der diese Künstler nicht mal vom Namen kennt. Zu den wenigen Verabredungen auf der Insel, etwa mit Graham Greene in dessen Stammlokal »Da Gemma« in Marina Grande, nimmt Monika Antonio nicht mit. Es wären zwei Welten, die da aufeinandertreffen würden: die des Geistes, verkörpert vom Autor der Romane *Der stille Amerikaner* und *Unser Mann in Havanna* sowie ihr selbst, schreibende Tochter eines Literaturgiganten, und der Kosmos der Fischer und Handwerker. Aber es ist deren Insel, auf die sich diese Intellektuellen zurückziehen, um seelisch auszuruhen. Scham über ihre Partnerwahl empfindet Monika keineswegs, sie hält ihre Welten einfach auseinander.

Auch die unterschiedlichen Vermögensverhältnisse ignoriert sie. Dem bescheidenen Leben der Einheimischen passt sie sich an. Von den Thomas-Mann-Tantiemen lebt Monika komfortabel, ihr Luxus ist nicht teurer Schmuck, sondern finanzielle Unabhängigkeit. Wenn sie Antonio brieflich einlädt, ihr in die Sommerfrische nach Südtirol zu folgen, tut sie das diskret. Keinesfalls soll er sich gedemütigt fühlen, nur weil sie Zugfahrt und Pension übernehmen möchte: »Denke nicht an die Kosten, daran denke ich!«

Antonio ist stolz, das weiß sie. Seine Männlichkeit ist fragil, denn wegen seiner Herzschwäche darf er keine schwere Arbeit verrichten. Darunter leidet er. Nicht nur Monika erlebt Phasen mentaler Düsterkeit, er kennt das auch. Nach einem Herzanfall muss er, erst Mitte 50, sieben Wochen das Bett hüten, auf der rosa Gartenliege unter der Pinie ruhen und noch mehr auf seine Gesundheit achten als sonst, das beschämt ihn und macht ihn wütend. Monika tröstet: »Du kannst und sollst Dich selbst respektieren, auch wenn Du etwas delikat bist – delikate Sachen sind wertvoll! (…) Du hast einen edlen, feinen Charakter. Und wenn Du nicht Steine auf den Schultern tragen, sondern aufpassen sollst, deshalb zählst Du nicht weniger, dessen sei sicher.« Denn: »Du kannst mir glauben, dass ich Dich für das Wertvollste der Welt halte.«

»Luftvitamine« solle er nehmen, wenn sich seine Seele verdunkelt, draußen sein, natürlich im Schatten, abends aufs

Meer hinausfahren und schwimmen, »ich glaube, das würde Dir Frische, Kraft und gute Laune schenken«. Und natürlich: keine Zigaretten, kein Kaffee, kein Wein, »ich bitte Dich! Immer brav sein!«

Meist ist allerdings sie es, die getröstet werden muss. Auf ihren Sommerreisen wird Monika Mann immer wieder von depressiven Verstimmungen heimgesucht. Ob in der Pension Bemelsmann in Klobenstein, in der Pension Haessig in Rappersbichl oder in Meran – in den Bergen setzt sich die Schwermut fest wie Wolken in den Gipfeln: »Die Höhe hat andere Gesetze und die Atmosphäre ist anders als ›unten‹. Der Mensch fühlt sich einerseits isoliert oder erhaben, zur gleichen Zeit ›bestraft‹ und außerhalb des Lebens.« Kaum auszuhalten für sie: »Du bist meine Seele. Es fällt mir schwer, weg von Dir zu sein. Ich fühle mich wie ›zerbrochen‹ und trist. Sicher ist die Tristesse eine Kraft, die man nicht bekämpfen kann: Sie muss angenommen werden wie ein unerwünschter Gast und man muss zufrieden sein, wenn sie wieder geht.«

Ganz schlimm wird es, wenn sie nicht schreiben kann und ihr Tagesablauf dem der Weidekühe gleicht: trotten, essen, schlafen – »fehlt nur die Glocke um meinen Hals«.

Trost bringt in diesen Phasen nur der Postbote mit einem Lebenszeichen von Antonio, der Frage, ob sie wieder »häßliche Gedanken« habe, oder seinem Rat, nicht so viel zu grübeln: »Ich las mit vielen Emotionen Deinen Brief vom 22. – in welchem Du versuchst, mich aufzumuntern. Da Du mir in der Tat noch nie so geschrieben hast, mit solcher Intensität, solcher Zärtlichkeit und soviel Freundschaft, war ich andauernd in Tränen und gezwungen, das Lesen zu unterbrechen, voller Dankbarkeit und einsamen Glücks.«

Respekt, Fürsorge, Dankbarkeit: Nach Jahren der Verlorenheit erweist sich Monika als äußerst behutsam mit ihrem späten Glück. Ihre *Anna Karenina* scheint sie sorgfältig gelesen zu haben.

Zur Erinnerung: Leo Tolstoi schildert in seinem Roman ja nicht nur die Amour fou zwischen der verheirateten Anna und ihrem Liebhaber Graf Wronski. Er stellt diesem Ehebruchsdrama eine gelingende Beziehung gegenüber, die des aufrichtigen Lewin und seiner Frau Kitty – ebenjener Kitty, der man ihr gebrochenes Herz kleben will wie eine Vase, nachdem sie hoffnungslos in Wronski verliebt war. Mit dem ruhigen Lewin findet sie ein Glück, in dem das Anderssein des Anderen respektiert wird, man einander zärtlich behandelt und miteinander zu schweigen weiß.

Die Anwesenheit des Anderen genügte, wird Monika Mann später sagen: »Wir waren sehr vereint. (…) Er baute die azurblaue Grotte, ich hörte Mozart, weshalb hätten wir reden sollen?« Sie sind ein unwahrscheinliches Paar, Monika und Antonio, aber sehr erfolgreich in der Umsetzung einer Liebe, die der Dichter Rilke (übrigens von seinem Capri-Besuch 1907 wenig begeistert) so definiert, »dass zwei Einsamkeiten einander schützen, grenzen und grüßen«.

Da dies eine lebendige Beziehung ist: Natürlich gibt es Konflikte. Nicht zu knapp, wie Monikas Briefe verraten, wenn sie für ihre Rückkehr verspricht: »… und dann nie mehr streiten, immer in Harmonie bleiben!« Zum einen ist da Antonios Vergangenheit als notorischer Frauenheld. Die Fischer, die Händler, die Hoteliers: Alle wissen, dass sich Antonio, wie viele Männer Capris, dem Reiz interessierter Touristinnen nicht immer verschließt. Auch Monika weiß Bescheid. Antonio steht das Älterwerden ausgesprochen gut mit seiner schlanken Statur, dem nach hinten gekämmten ergrauenden Haar und den markanten Gesichtszügen: »Als wir uns kennenlernten, ist er den Weibern hinterhergestiegen und sie ihm.« Ob er treu war? »Ich würde sagen: fast. Aber in den ersten Jahren nicht so ganz. Er war halt ein typischer Italiener.« Sie behält meist die Nerven und mahnt aus der Sommerfrische: »Ich hoffe von ganzem Herzen, dass Du (…) gut gestimmt bist. Aber Du solltest nichts mit Frauen zu tun haben, weil Emotionen Dir schlecht bekommen, das weißt du wohl!« Also: »Bleib brav! Bleib schön! Schöne Gedanken! Immer Deine Monascella«. Und damit Hollah.

Weiteres Konfliktthema: ihr Beharren auf dem, wie sie die Dinge haben will. Monika Mann ist nicht nur *severa*, also etwas streng, was vor allem seine Familie stört, sondern auch hartnäckig. Zum Beispiel, wenn die Mauer repariert, der Steinboden neu gelegt oder die Sessel gepolstert werden sollen, während sie verreist ist. Zu all dem hat Monika präzise Vorstellungen. Weil sie eine Million Lire (knapp 6000 Deutsche Mark) für den Bau der Mauer an Giovanni Spadaro, Oberhaupt der Familie, bereitstellen möchte, erwartet sie eine Quittung und die Bestätigung, dass dieses Geld ausschließlich dafür verwendet wird. Das kommt bei den Spadaros nicht gut an, auch Antonio ärgert sich. Thema Steinboden: Den wünscht sie sich in »Sandfarbe, *nicht* glänzend«, so, dass man keine Fugen sieht, »wie aus einem Stück also!«, erläutert dies in mehreren Schreiben, knickt aber irgendwann ein: »Mach es so, wie es Dir richtig erscheint. Es ist nicht so wichtig.« Auch in Sachen Polstermöbel demonstriert ihr Antonio Spadaro, dass er zwar weder Tolstoi noch Thomas Mann gelesen hat,

Stille Zweisamkeit: Monika Mann mit Antonio Spadaro in der kleinen Wohnung der Villa Monacone

sich von ihr aber trotzdem nicht auf der Nase herumtanzen lässt – er ignoriert die textile Angelegenheit. Monika, pikiert: »Etwas befremdlich, übrigens, dass Du nie etwas von den Polstern geschrieben hast – ob sie schon gemacht sind? Und ob sie sehr schön geworden sind.«

Dass Monika im Umgang nicht immer einfach ist, ist ihr bewusst. Wenn aber ihr alter Freund Rolf Schott Antonio bei einem Capri-Besuch auch noch bestätigt, dass Monika »schwierig sei, was er nun bei gewissen Gelegenheiten« ihr »als Waffe entgegenhält«, ist ihr das gar nicht recht: »You should not have said it!!«

Zum Glück hat Antonio Spadaro Humor. Er vergleicht seine Gefährtin mit der »Frucht der Kakteen, die außen voller Dornen ist, innen aber süß schmeckt«.

Monika, die Moni, das seltsame, verstockte Mönle eben, das ist sie für die Manns – aus seiner Rolle und deren Zuschreibungen innerhalb einer Familie findet man schwer heraus. Antonio aber sieht ihre Fürsorge, die Toleranz, den täglichen Kampf um Stabilität. Ihre Liebesfähigkeit und die Bereitschaft zum Lachen, das aus ihr hervorbrechen kann wie die blau blühenden *spaccapietre* aus kargem Stein. Dann ist sie »Monascella«, nur auf Capri, nur für ihn, und so, wie sie sich selbst sieht: »irgendwie ein Fels. Im Grund, einfach, ruhig und bestimmt.«

Warum verlässt sie dieses Ambiente überhaupt, das ihr so guttut?

Vielleicht gehören die sommerlichen Ausflüge zu einem gesellschaftlichen Ritual, von dem sie nicht lassen mag: In ihren Kreisen verreist man eben. In Südtirol trifft sie Rolf Schott und ihre Schulfreundin Elsie Diem aus Zürich. Elsie ist eine lustige Person, »ein wahres ›Kasperle‹«, mit ihr kann Monika lachen, bis sie das Gesicht hinter der Serviette verstecken muss, mit ihr unternimmt sie Wanderungen über die Wiesen, umarmt Bäume, lässt sich neben Sonnenblumen fotografieren. Sich neue Garderobe zuzulegen, gehört ebenfalls zu den Sommerfreuden. Auch für Antonio kauft Monika teures Leinen und achtet überhaupt darauf, dass er gut gekleidet ist: In weißen Hosen und Jackett sieht sie ihn gern.

Vor allem zieht es sie jeden Sommer in die Alte Landstraße 39, Kilchberg. Sie trifft dort ihre Geschwister, will aber insbesondere ihre Mutter Katia sehen. Die reist jedes Jahr zu Elisabeth, ihrem so unkomplizierten »Herzensdingerle«, in deren Ferienhaus im toskanischen Forte dei Marmi, aber nie nach Capri. Doch noch immer hofft Monika auf Annäherung.

Katia Mann allerdings sind die Besuche ihrer Mittleren lästig. Nach drei Wochen mit »Mönchen« meldet die Mutter dem Zwillingsbruder Klaus Pringsheim 1958, das Kind werde immer wunderlicher und menschenscheuer, bestimmt wegen des exklusiven Umgangs mit dem »offenbar äusserst schlichten Fischermann«. Geheiratet werde aber offenbar nicht, »obwohl sie gar keine so schlechte Partie wäre«. Zwei Jahre später ist Monikas Kilchberg-Aufenthalt ebenfalls angespannt. Das »Mönle« müsste auch nach Meinung Dritter eine Seelenärztin konsultieren: »Aber dazu ist es nun zu spät.«

Es ist bei jedem Besuch dasselbe, die Tochter geht der Mutter auf die Nerven: »Wenn sie mit sonderbar flacher, eingerosteter Stimme ab und zu ein schiefes, apodiktisches Urteil abgibt, muss man si tacuisses denken. Und dann wieder hat sie eine besonders bedrückende, ostentativ unbeteiligte bis mißbilligende Art zu schweigen, die auch schwer erträglich ist.«

Im Kilchberger »Witwenschloss« ist die Stimmung gegenüber Monika frostig. Hier residieren neben der inzwischen 80-jährigen, majestätisch in bodenlange Gewänder gekleideten Katia Mann auch deren Tochter Erika, Mitte 50, der von seinen Eltern abgeschobene Teenager Frido und immer regelmäßiger der erfolgreiche, zu Depressionen neigende Historiker Golo. Erika grollt Monika seit der Krise um die rivalisierenden Erinnerungsbücher 1956 und betrachtet ihre Abneigung gegenüber der Schwester als Familiendoktrin. Die Mutter hält dem nichts entgegen.

Erika Mann gilt mittlerweile als inoffizielle Vorsitzende der Firma Mann. Sie hat ein Auge auf die Thomas-Mann-Verfilmungen der *Buddenbrooks* und des *Felix Krull* und arbeitet an der Edition der Briefe des Vaters. Ihr gesundheitlicher Zustand hat sich verschlechtert, die einst so stolze Amazone wankt. Erika hat gravierende Probleme mit Tabletten, Drogen und Alkohol, mit Magen und Bronchien, mal bricht sie sich die Hand, dann zwingt sie ein nicht heilender Oberschenkelhalsbruch zu Krücken – all das verstärkt ihre Ungnädigkeit. Darunter hat auch Katia zu leiden, die noch sehr agil ist. Trotz einer Vielzahl von Unfällen etwa will die so greise wie leidenschaftliche Autofahrerin unbedingt am Steuer bleiben. Als Familienoberhaupt hat sie es längst an Erika abgegeben. Erika kontrolliert sogar die an die Mutter adressierte Post und antwortet bei Bedarf selbst, unter deren Namen.

Bei Monikas Besuchen in Kilchberg wahrt Katia Mann zumindest die Form und erkundigt sich höflich nach Antonio Spadaros Befinden. Den hat sie einmal persönlich empfangen, eine Erfahrung, auf deren Wiederholung man verzichtet. Frau Thomas Mann hält den »äusserst schlichten Fischermann« nicht für standesgemäß, obwohl sie die Schwäche ihres Mannes für hübsche Kellner und das Interesse ihres Sohnes Klaus an Matrosen nachsichtig gehandhabt hat.

Die ganze Kilchberger Atmosphäre ist so, dass Monika nach Capri meldet, sie fühle sich hier »nie heiter«. Gleich zwei starke Persönlichkeiten wie Katia und Erika schüchtern sie ein: »Der Mama geht es gut. Sie ist wirklich ein Phänomen. Sie trinkt literweise schwarzen Kaffee und Tee und fährt mit dem Auto wie ein Teufel, auch bei Gewitter ----«. Auch die kranke Erika beeindruckt Monika, wie sie Antonio wissen lässt: »Ich kann ihr Befinden nicht beurteilen. Jedenfalls – sie liegt dort wie eine gestürzte Königin. Sie verliert nicht ihren dominanten Charakter – auch wenn der Thron in Flammen steht.« Die Abwesenheiten von Erika machen Kilchberg erträglicher: »(…) in einer Stunde gehe ich zusammen mit der Mutter ins Theater. Vielleicht gibt es dort etwas zu lachen! (…) das Haus, ohne SCHLANGE, ist freundlicher.«

Doch auch Katia flieht oft vor Monikas Besuchen zu Elisabeth. Dann sind Tante Monika und Neffe Frido – neben der Köchin – allein im Haus. Frido hört zuhause unentwegt, wie man sich »herablassend, ja angewidert« über Monikas Schriftstellerei äußert, wenn sie nicht da ist, vor allem an Weihnachten, wenn sich die Manns versammeln – alle außer Monika. Hohn über sie gehört »zum guten Familienton«.

Für die Familie, erinnert sich Frido, ist sie »eine Witzfigur«, in der Jugend auch für ihn und die Cousinen Angelica und Nica, Elisabeths Töchter. Prustend erzählt man die Anekdote, wie Monika einen an Familie Spadaro auf Capri gerichteten Brief an ihre Nichte Nica nach Florenz geschickt habe mit der diskreten Bitte, sie möge ihn dort in den Briefkasten stecken. Es soll so aussehen, als habe ein fremder Gutmensch die Spadaros gebeten, der armen Signora Monika doch freundlicher zu begegnen – sie meine es nur gut mit Antonio und dem Haus. Formuliert ist dies »anonyme« Schreiben in kindlichem Italienisch und offenkundig von Monika selbst.

Weil Monika ihr Essen aufmerksam zelebriert, braucht kein anderer, der sich liebevoll ein Kotelett-Gürkchen-Brot arrangiert, auf Spott zu warten: »Ah, ein Tante-Moni-Sandwich!« Und sobald ein Mitglied der jüngsten Mann-Generation das geringste Zögern in der Ausbildung zeigt, drohen die Älteren: »Werd' bloß nicht wie Tante Moni!«

Eigentlich aber hat Frido nur ungetrübte Erinnerungen an die Sommerwochen mit seiner Tante im Kilchberger Haus. Die gemeinsame Zeit ist angenehm, sogar herzlich. Tagsüber lässt Monika aufwändige Restaurationsarbeiten des Züricher Zahnarztes über sich ergehen, nachmittags hilft sie Frido bei Deutschaufsätzen, abends hören sie zusammen Schallplatten und sprechen über die Interpretation. Monikas Lieblingsstück: die »Italienische Sinfonie« von Mendelssohn, dirigiert von Toscanini. Die liebt sie sehr. Und sie freut sich an ihrem Neffen, dessen feinfühliges Wesen ihr keine Angst macht. Dem »Jüngelchen Frido« mit seinem Hang zur Melancholie fühlt sie sich verwandt: »Vielleicht fühlt er, dass er nicht das Talent zum Musiker hat, und zugleich will er sich nicht davon befreien.«

Michael Mann und seine Frau Gret haben beide Söhne schon früh derart skrupellos an die Großeltern delegiert, dass selbst Katia Mann, ihrem Jüngsten sehr gewogen, eine kritische Bemerkung macht. Jetzt, nach der Schule, strebt Frido eine Musikerkarriere an – ausgerechnet, wie Michael. Aber Frido zweifelt an sich, der Ersatzvater Golo ist nach langer Einsamkeit eine Partnerschaft mit dem jungen Hans Beck eingegangen und hat sich zurückgezogen, es fehlt an Halt. Frido erleidet eine schwere Sinnkrise. Die rettende Vision: Er muss sein Leben ändern. Und sich der Theologie zuwenden.

Der Glaube an eine göttliche Kraft ist auch für Monika seit der Schiffskatastrophe von 1940 ein Anker. Gott erschien ihr »aus der Kraft Seiner Abwesenheit, es war auf einem sinkenden Schiff«. Ihre Vorstellung von Glauben beschreibt sie dem Münchener Freund Richard Raupach 1958 so: »Mein Gott, wer fände da so rasch die Definierung? Am nächsten kommt ihr wohl das Wort ›Erlebnis des Lebens‹. Das Leben leben ist tierisch und nicht fromm. Das Leben erleben, schließt so etwas wie Dank ein an eine Macht, die man nicht kennt, aber anerkennt.«

Monika kann sich in den suchenden Frido einfühlen und unterstützt ihn. Der Rest der Familie ist irritiert. Und Katia verärgert über Monika, die den Jungen auch noch bestärkt. An ihren Zwillingsbruder Klaus, inzwischen engster Vertrauter der alten Katia, ergeht folgender Wutbrief: »Moni, die freche Törin, schrieb mir aber, bestimmt nehme Frido die neue Laufbahn ernst, denn sie habe immer den geborenen Theologen in ihm gesehen!! – Genug! …« Auch diese familiäre Einmischung ist unerwünscht.

Aber dann ist es wieder September, und erleichtert kehrt Monika zurück nach Capri. Die schlimmste Hitze ist vorüber, die Insel leert sich. Noch steht im Garten die rosa Liege, auf der Antonio ihr seine Briefe geschrieben hat. Jetzt kann sie wieder bei ihm sein im Schutz der Villa Monacone. Ihre Seele kommt zur Ruhe.

Im Südtiroler Hotel Bemelmans hat sie den Zimmermädchen Maria und Laura eine Capri-Postkarte von Antonio gezeigt. Die jungen Frauen hatten noch nie von dieser pittoresken, abgelegenen Insel mit ihren Möwen und goldenen Eidechsen gehört. Wer lebe nun auf dem Mond – die beiden Mädchen oder Antonio und sie?, hat sich Monika gefragt.

Die Möwen schweben auch jetzt über den Faraglioni-Felsen. Irgendwo vielleicht pfeift noch jemand leise »Senza fine«, und Antonio holt seine Schiebermütze. Dann gehen sie auf eine letzte Abendrunde auf die Via Pizzolungo. Danach steht Monika auf der Veranda und schaut hinunter auf das Meer, das seinem eigenen Rhythmus folgt, unbeeindruckt von familiären Strudeln und Gezeiten.

Morgen wird sie sich wieder an ihren Schreibtisch setzen und an eine neue Geschichte. Sie hat schon eine Idee.

Wir sind Schwestern

Es ist Januar 1964, die Tarantella-Klänge zu Silvester auf der Piazzetta sind gerade verklungen. Monika Mann fasst sich ein Herz. Kurz nach Neujahr schreibt sie ihrer »big good sis« Erika einen Brief.

Für ihr geplantes neues Buch benötigt sie die Unterstützung der Schwester, denn es geht dabei auch um den Vater und Bruder Klaus, und auf beide hält Erika Mann die Hand. Seit dem Konflikt im Jahr 1956 nach dem Tod von Thomas Mann haben die Schwestern einen delikaten Frieden gewahrt. Es gab Korrespondenz, man sah sich sehr gelegentlich.

Nun meldet Monika aus dem milden Capri ins winterliche Kilchberg: »Übrigens – ich plane eine Anthologie. *Wir sind elf* (einschließlich Omama und Urmimchen), elf Schreibende nämlich.« Ein Buch mit Texten der literarisch so produktiven Familie Mann schwebt ihr vor, »ein *heiteres* Ding«, und Erika möge doch bitte zustimmen und etwas auswählen: aus ihrem eigenen Kinderbuch *Stoffel fliegt übers Meer*, etwas von Klaus und einen Text von Thomas Mann aus dem *Joseph*. Von Monika wird auch etwas dabei sein, denn: »Ich habe freilich drei Bücher publiziert und werde nur zu oft Dichterin geschimpft. Ich armes Müffchen, *wie* steh ich da?«

Allein dieser verlegene Scherz dürfte die Kilchberger Weihnachtsbaumkerzen aufflackern lassen. Monikas Publikationen, mal Bücher, mal Zeitungsartikel, oft mit Einblicken in die illustre Familie, sind hier Lektüre *non grata*. Sie versorge die Zürcher *Tat* wieder »reichlich« mit lyrischen Beiträgen, die »manchem gefallen mögen«, spottet Katia Mann. Schon im »sensationellen success« von Monikas Memoiren erkannte die Mutter einen Ausdruck der »allgemeinen kulturellen Verfallserscheinungen«.

Nach diesem erfolgreichen Erstling, dem Erinnerungsband *Vergangenes und Gegenwärtiges*, ist im Jahr 1960 in einem kleinen Verlag das zweite Buch *Der Start* erschienen, fiktiver Bericht eines scheiternden Pianisten in Amerika. Eine »Kleine Lebensbeichte« im Anhang erzählt von Monikas eigenem schwierigen Exil: »Während die Welt immer lauter wurde und sich immer gefährlicher zusammenballte, wurde es immer stiller und einsamer um mich her. Ich glaube nicht, ich hätte den Mut gehabt, die Einsicht und Vitalität, auf eigene Faust dem braunen Pseudogott zu fliehen. Ich emigrierte automatisch mit meiner Familie …« Das Cover von *Der Start* zeigt Monika mit einem Kätzchen im Schoß, und ein abschließendes Gedicht erklärt, was sie inzwischen für ein bescheidenes »Gelingen« im Leben hält: »Du liegst im Sand. Dem vielen. Etwas berührt dich. Ein Licht.«

Ihr dritter Band heißt *Tupfen im All* und ist 1963 erschienen. Er versammelt lyrische Aphorismen, wie japanische Haikus in wenigen Versen konzentriert: »Gestirnenhaft ist die Liebesstadt, die alten Bahnen ewig neu entzündend.« Die langjährige Berufsvermeiderin Monika, die ihre Stärke im »Bewundern« sieht und sich selbst als »professionellen Hobbyisten«, bleibt ihrem grüblerischen Telegrammstil treu. Einen Roman traut sie sich nicht zu. Sobald sie sich vornimmt, etwas Größeres zu schreiben, fällt ihr »die Spule aus der Hand, und es wickelt sich ab, eins zwei drei«. Nicht schlimm, das epische Fach ist bei den Manns ohnehin belegt.

Auch wenn die germanistische Nachwelt, und da vor allem der männliche Teil, überwiegend süffisant über Monikas Texte urteilen wird (»Gern würden wir etwas anderes sagen, aber sie sind herzlich unbedeutend«) – *Tupfen im All* läuft jedenfalls nicht schlecht. Mit seinem dekorativen Cover, gelbe Tupfen auf weißem Grund, schmückt das Bändchen viele Schaufenster. Auch in Zürich. Katia und Erika haben es genau registriert.

Jetzt aber möchte die »Dichterin« wieder in Mann'schen Gefilden weilen. Das gilt als illegitim. Erika will dem ein für alle Mal einen Riegel vorschieben, denn *sie* verwaltet das schriftstellerische Erbe und damit, wie sie glaubt, auch die Erinnerung. Sie antwortet sofort, ablehnend und im Namen der Familie.

Diese »Liköridee«, so ungleiche Schreibende wie Thomas Mann und das »Urmimchen«, Frauenrechtlerin Hedwig Dohm, nebeneinander darzustellen, so Erika Mann, hielten alle für abwegig und geschmacklos. »Auf Grund einer weihnachtlichen Familienberatung (Mielein, Golo, Medi, ich), an der auch eingeweihte und sachkundige Freunde teilnahmen (Lotte Walter, Liesl Frank) sollte und wollte ich Dir folgendes schreiben: …« Nämlich, dass »dear Morrr« wohl nicht klar sei, dass ihre Texte von Philologen als wichtiges Quellenmaterial betrachtet würden: »*Die Leute glauben, was Du schreibst.*« Dabei strotze das nur so vor Fehlern und Erfindungen: Das väterliche Zigarrenschränkchen sei falsch lokalisiert, man habe früher nicht nur eine Köchin gehabt, wie behauptet, und das weihnachtliche Rauschgold sei von »Z.«, dem Zauberer, in Kinderbetten und nicht in Kinderhände gestreut worden. Diese Unwahrheiten, mit denen Monika die Wahrheit ausgestalte, dürften nicht mehr in Druck gehen, und »… solltest Du noch ein einziges Mal ›Erinnerungen‹ öffentlich auskramen, in denen Z. oder (und) sein Haus figuriert oder figurieren und die Unwahres enthalten, so werden Mielein und ich an die Presseagenturen eine Notiz versenden, derzufolge solche Erinnerungen (…) als Quellenmaterial (…) unzulässig sind.« Ansonsten: Alles Gute »für Deine literarische Laufbahn, zu deren steter Entwicklung Du weder Z. noch uns irgend nötig hast«. Postkriptum: »Dies Mühschreiben wurde von Mielein gelesen und gebilligt.«

Dass Erika selbst mit der Wahrheit großzügig umging, um ihren Vater und die Marke Mann zu inszenieren, hat sie in ihrer Wut über Monikas Bagatelldelikte vergessen. Als Herausgeberin der väterlichen Briefe hat sie Kürzungen nicht kenntlich gemacht und ist dafür vom Magazin *Der Spiegel* »Künstlerin der Auslassung« genannt worden.

Monika hat die Post aus Kilchberg verstanden. Die Kränkung besteht nicht in der juristischen Drohung, sondern in Erikas Botschaft: Alle sind gegen Monika. Sie ist offiziell geächtet. Die geliebte Mutter billigt das.

Monikas Antwort an Erika erfolgt sofort.

Die jüngere Schwester verwahrt sich gegen den »kategorischen Gouvernantenton« der Älteren. Sie schreibe schließlich kein Quellenmaterial, sondern »lyrisch-impressionistische Stimmungsbilder«, erzähle keinen Pfusch oder richte irgendeinen Schaden an, sondern mache manchem Leser eine Freude. Und sie konfrontiert Erika mit der Vermutung, dass deren Anschuldigungen wohl weniger einer heiligen Empörung als »einer vertrackten Eifersucht« entspringen. Seit Jahren, wirft sie Erika vor, infiziere diese die Luft, »geatmet von Mutter, Bruder und Freund«. »Jago hat man Dich genannt bei einer Filmerei – hast es selbst lachend den Eltern berichtet …« Statt den schwermütigen Typ der Eifersucht habe Erika, diese »schlange ranke Jaga«, wohl die intrigante Spielart der Eifersucht gewählt – doch »lasse sie mich aus dem Spiel, sonst schlag ich Alarm – nicht wie sie beim Pressebüro, sondern bei den Mächten!«

Eine Nacht schläft Monika noch darüber, dann schreibt sie auch dem »Mielein«. Hat ihre eigene Mutter sie wirklich fallengelassen und erlaubt, dass sie quasi verstoßen wird? Verzweifelt appelliert Monika an Katia: »Deine älteste Tochter, der Du Dich mit Leib und Seele opferst, zahlts Dir und dem Heiland nicht mit Dankbarkeit, sondern mit verzerrter vertrackter intriganter Eifersucht. (…) Hand aufs Herz, sag es selbst, wärest Du je selbst und auf eigene Faust auf die Sache mit dem Pressebüro gekommen? Hättest Du je selbst und auf eigene Faust giftig-dramatischen Anstoß genommen (in den sie Dich einschließt und verwickelt) an etwaigen Vertauschungen von Eck- und Tapetenschränkchen? Ich glaube es nicht.«

Auch dass Erika besitzergreifend Klaus für sich vereinnahmt, dem Monika, wie sie meint, doch »gemütsmäßig viel näher stehe als sie«, tut weh. In Erikas Intrigen, in die diese eine »kluge gute und – heillos! – fügsame Mutter« verwickle, sieht Monika »das Spinnwerk einer kranken Seele«, die sie eigentlich hassen möchte – »wäre nicht ein großes Stück Pathologie im Spiel«. Gezeichnet ist der schmerzensreiche Brief: »My loving respects – Kind Mönlé«.

Eine Antwort von Katia Mann ist nicht überliefert. Zum Zeitpunkt, als Monikas Brief in Kilchberg eintrifft, berichtet die »kluge gute« Mutter ihrem Zwillingsbruder Klaus Pringsheim: »Von Mönle wäre zu vermelden, dass der Erfolg ihrer ›Tupfen im All‹ ihr offenbar zu Kopf gestiegen ist und sie recht aufgeblasene und unleidliche Briefe schreibt.«

Dann wird es Sommer 1964. Und Monika plant, wie jedes Jahr, nach dem Aufenthalt in Südtirol in die Schweiz zu fahren. Sie will ihre Mutter besuchen. Frieden schließen.

Anfang Juli 1964 trifft sie in der Pension Haessig in Rappersbichl oberhalb von Bozen ein. Schon am Ankunftstag spürt sie, dass es ihr dieses Mal besonders schwerfallen wird, in der Bergwelt des Ritten »zufrieden zu sein«, heißt es in einem ihrer nervösen Briefe an Antonio: »Zufrieden will heißen, ruhig und fähig, die Tage in Harmonie mit sich selbst zu verbringen. Ich weiß nicht, ob ich das schaffen werde.« Am liebsten würde sie zurück nach Capri flüchten, denn dieses Jahr ist es »härter als sonst für mich«.

Nicht nur der Mann'sche Haussegen hängt schief, auch das Wetter in Südtirol zeigt sich von seiner dramatischen Seite: Krachende Gewitter mit Blitz und Donner unterbrechen Ausflüge in Wald und Sommerwiesen, die Wolken sind »schwarz wie Tinte«, oft weht ein hässlicher, kalter Wind, »was den Körper und die Moral beeinflusst«. So bleibt es über Wochen. Fast hat Monika das Gefühl, das himmlische Gedonner versuche »die Teufel fortzutreiben mit Kanonenschlägen, doch vermutlich vergeblich … sie kehren zurück, wann sie wollen. So ist es mit mir und meiner Seele. Sie findet, weit von Dir, keinen

Frieden.« In diesem Sommer hat sie sich »bis jetzt nicht gefunden«.

Auch das »Mielein« ist in diesem Krisenjahr 1964 gereizt. Zum einen haben die Schweizer Behörden ihren Führerschein nun endgültig kassiert, trotz heftigen Widerstands. Erika ist chronisch krank. Jetzt noch das Malheur mit Monika. Monika spürt es: Katia versucht, den Besuch abzuwenden. Sie verweist auf die Hitze, sei es da nicht angenehmer in den Bergen? Dann verschiebt die Mutter den Urlaub bei Elisabeth nach hinten, sodass Monika bis zu ihrer Weiterreise nach Kilchberg lange in Südtirol ausharren muss. Schließlich lädt sie sie ganz aus. Ihr missfällt der »Ton« eines Briefes der Tochter.

Die fühlt sich »verflucht«. Diese Absage sei »eine Art Weltuntergang«, wie sie ihrem Freund Rolf Schott in diesem schrecklichen Sommer schreibt, denn ihre »innere Abhängigkeit oder Anhänglichkeit« an das familiäre Nest sei enorm, seltsam genug. Das Elternhaus repräsentiere für sie »den Vater, das Ganze, die Herkunft, meine Existenz«. Dass die Mutter ihr die Tür weist: unbegreiflich. Auch im Falle einer Klärung werde »ein Schock zurückbleiben, eine ›Furcht des Tieres‹ vor dem, der es schlug«.

Nach Capri sendet sie einen tieftraurigen Hilferuf: »Was kann ich machen, was kann ich tun?«

Antonio Spadaro schickt unermüdlich tröstende Briefe. Aber das Familiendrama strapaziert auch die Beziehung. Es erschöpft ihn, Monika permanent stabilisieren zu müssen. Die beschwichtigt: »... schreie mich nicht an!« Er wisse doch, dass »ich ein Mädchen bin, dass Deiner Hand, Deiner Augen, Deines Schrittes bedarf«. Und dass ihr vor Heimweh oft die Tränen kommen.

Fast zwei Monate wartet Monika Mann in Südtirol auf eine Versöhnung mit der Mutter. Arbeiten kann sie nicht, unkonzentriert, wie sie ist. Zu Ausflügen lädt das kalte Wetter auch nicht ein. Es bleibt nur »drinnen bleiben, frieren, melancholisch sein«. Und warten: »Ich warte auf Nachrichten aus Kilchberg …«

Ende August 1964 treffen Katia und Monika dann endlich doch wieder in der Alten Landstraße 39 zusammen. Die Tochter berichtet nach Capri: »Wir versuchen, in Harmonie zu sein.« Mehr ist nicht möglich.

Nach wenigen Tagen erkundigt sich Monika nach Zügen für die Rückkehr nach Neapel.

Ihre Anthologie über die elf schreibenden Mitglieder der Familie Mann wird nie erscheinen.

Mit Erika bricht der Kontakt ab.

In Südtirol hat Monika eine Szene mit einer Vogelmutter beobachtet, die sie tief berührt hat. Der Hausmeister der Pension Haessig nahm einen jungen Fink, der verloren auf einer Bank saß, auf. »… kaum hatte er das Vögelchen in der Hand, flog ihn dessen Mutter mit großer Wut an – und machte eine enorme Revolution um ihn herum – eine wahre Mutter, die ihr Kleines verteidigt!« Der Anblick loyaler Tiermütter ergreift sie immer wieder, auch auf Capri: »Das Katzentier hat Junge bekommen und leckt sich stolz den Bart. Wehe dem Pudel, der sich ihr nähert! Sie verteidigt ihre Brut vor einem Löwen. Recht hat sie!«

Für Monika das Ideal mütterlichen Handelns – und genau so kann Katia Mann ja auch sein. Für die gefährdeten Söhne Klaus und Michael hat sie sich immer eingesetzt, auch dem Vater gegenüber, und ihnen alle Drogen-, Jähzorn-, Pleiteeskapaden verziehen. Michaels Sohn Frido hat sie schon als Kleinkind aufgenommen und sich fürsorglicher gezeigt als dessen eigene Eltern. Den Charakter von Erika, »von Natur dominierend und eifersüchtig«, sieht sie realistisch – und kümmert sich doch aufopfernd um ihr altes Kind, das zuhause lebt, Zigaretten im Essen ausdrückt und abends, weil taumelnd, ins Dachzimmer geführt werden muss. Um Golo sorgt Katia sich wegen dessen Schwermut und ist froh, wenn diese durch die langjährige Beziehung mit Hans Beck gelindert wird. Und wie es »Medi« ergeht, verfolgt sie ohnehin mit größter Anteilnahme.

Mit ihren sechs Kindern hatte Katia Mann es oft schwer. Ihre Erziehungserfolge seien wohl nicht gerade brillant, hat sie ihrer Freundin Molly Shenstone einmal selbstironisch geklagt. Und doch: Ihre Kraft, Klugheit und ihr Humor machen das tröstliche, tolerante »Mielein« zu einer einzigartigen Mutterfigur, die ihr Leben ganz in den Dienst der Familie gestellt hat.

Nur was Monika betrifft, kann sie ihrem Herzen nicht gebieten. Die Mittlere bleibt der Outsider, die freche Törin, die Ungeliebte. Und jetzt endlich muss Monika erkennen, dass Katia sich, nach Jahrzehnten des familiären *comme il faut*, emotional von ihr abgewandt hat.

Ist das nun Erikas Feindseligkeit zuzuschreiben, die als »Schlange« alle gegen das Mönle aufgebracht hat? Oder setzt die »Tochter-Adjutantin« nur die Haltung um, die das »Mielein« schon der 14-jährigen Monika gegenüber vorgegeben hat?

Seltsames Küken, Nesthockerin, vom Schicksal zerrupfter Pechvogel. Katia hat diese Tochter all die Jahre als Dauerbelastung erlebt, sie musste sie aus dem Nest schubsen. Und auch wenn sich Monika auf Capri nun endlich ein künstlerisches

Dasein geschaffen hat, dann in zu enger Verknüpfung mit Ausdrucksform und Themen der Familie.

Das ist das eine, was die Mutter aufgebracht hat.

Und dann, tief im emotionalen Souterrain, wo eine Familie all das lagert, worüber sie nicht spricht, ist da noch etwas anderes. Etwas, an dem Monika beim besten Willen nichts ändern kann: Ihre allzu klassisch konnotierte Weiblichkeit, sie ist verpönt bei den Manns.

Die Lockenperücke des stillen Mädchens, seine Weichheit, die Gehemmtheit, die fahrigen Briefe, strotzend vor Ausrufezeichen, später die tränenreichen, schrillen Anfälle als erwachsene Frau, die ein oder andere »schwachsinnige Liebesaffaire« und dieses enorme Anlehnungsbedürfnis – all das erregt Widerwillen. Zu viel Schwäche, zu viel Hysterie – die mit Freud, aber weit genervter, fragen lässt: Was will das Weib?

Tendenziell misogyn wirkt ja einiges im Mann'schen Kosmos. Da ist Katia, die schon immer im weiblichen das uninteressantere Geschlecht gesehen hat. Als Fünfjährige wäre sie lieber ein Junge gewesen und drohte damals im Palais Pringsheim, eingeladene Mädchen »zu brutalisieren«. Als Mutter von Töchtern ist sie enttäuscht: »Ich war immer verärgert, wenn ich ein Mädchen bekam.« Noch mit fast 67 Jahren entscheidet sie sich für eine operative Brustverkleinerung. Über interessante »Weibsgestalten« wie Alma Mahler-Werfel kann Katia wohl ein vergiftetes Kompliment äußern wie das, die Künstlermuse sei eine »Persönlichkeit« mit Vorliebe für süße Liköre gewesen. Ansonsten teilt sie die Meinung ihres Mannes, Frauen seien »gute zweite Klasse«.

Denn auch Thomas Mann, balancierend zwischen klassischer Familie und heimlicher Homoerotik, ist das Prinzip

Weiblichkeit eher suspekt. In seinem Tagebuch nennt der Schriftsteller seine Sekretärin Hilde Kahn und die Archivarin Ida Herz nur »die Kahn« und »die Herz«. Dass etwa Lion Feuchtwanger nur »der Feuchtwanger« wäre, gibt es nicht. Einer intellektuell ernst zu nehmenden Frau wie Mäzenin Agnes Meyer unterstellt der »Zauberer« erotische Aufdringlichkeit und verspottet sie als »Geist-Pute«. Schon Hedwig Dohm, der engagierten Großmutter Katias, galt er als »verdammter alter Anti-Feministe«, und seine Geringschätzung des Weiblichen geht so weit, dass ein »female Pudel« als Ersatz völlig undenkbar ist, als sein heißgeliebter Rüde Niko im amerikanischen Exil entläuft.

Als »male chauvinists« hat Elisabeth ihre Eltern bezeichnet. Deren eheliche Rollenverteilung illustriert eine Fotografie von 1926: Thomas Mann, die Beine kokett überkreuzt, hält ein Täschlein in der Hand und hakt sich bei einer überaus markanten Katia ein, die breitbeinig und schützend neben ihm steht, den Hut ins Gesicht gezogen wie einen Helm. Eine Frau Mann. So sieht sie aus, will sie ernst genommen werden.

Monikas Weiblichkeit steht seit jeher in krassem Gegensatz zum Auftritt ihrer Geschlechtsgenossinnen in der Familie: Katia, Erika und Elisabeth. Diese drei präsentieren sich als selbstbewusste Frauen mit einer Mission, sie alle ähneln einander mit kurzem, pragmatischem Haarschnitt und maskulinem Auftreten.

Da ist die tiefe Stimme der Rationalistin Katia, ihre »Männlichkeit, ja sogar Brutalität«, die Golo erwähnt. Erikas erotisches Draufgängertum bei Männern wie Frauen, ihre kriegerische Lust an Konflikt und Verachtung für alles Sanfte: Am sensiblen Neffen Frido stört sie »Sissyhaftigkeit«, und starke

Mädchenfiguren kommen in ihren Kinderbüchern erst gar nicht vor. Und schließlich Elisabeth, das »Kindchen«, das schon mit fünf Jahren »eine Grabesmiene« aufsetzt, sobald Besuch naht oder ein Fotograf, weil es begriffen hat: Bloß nicht mädchenhaft lächeln, dann ist jeder Respekt verspielt.

Sie sind diejenigen, an denen das Herz des Zauberers »wirklich hängt« und finden sein Wohlgefallen.

Ungerecht? So ist das Leben. »Da, Eri, iss«, hat Thomas Mann einst in der »Poschi« verkündet und vor den Augen seiner sprachlosen Kinder die letzte Feige Erika gereicht, »man soll Kinder früh an Ungerechtigkeit gewöhnen«.

Es ist Elisabeth, die sich dem Thema Gleichberechtigung im Jahr 1963 mit einem aufschlussreichen Buch gewidmet hat. *Ascent of Woman* heißt es, in Anspielung auf Darwins *Descent of Men*. Dem Familienerbe Schreiben ist also auch »Medi« nicht entgangen, nur dass Elisabeth das Autobiografische sein lässt. Seit dem Tod ihres Mannes, des 36 Jahre älteren dominanten Professors Borgese, hat sie in Italien mit existenzialistischen Kurzgeschichten experimentiert und sich dann der Frage zugewandt, die sie seit der Jugend beschäftigt: Wie soll sich eine Frau entfalten, die schon als Kind erfährt, dass Mädchen benachteiligt werden?

In *Ascent of Woman* sieht ihre Utopie zu *female empowerment* so aus: Junge Frauen sollten sich ältere, erfahrene Männer suchen, um von ihnen zu lernen. Gleichzeitig können sie mit der Erziehung der Kinder der Gemeinschaft dienen. Wenn eine 45-Jährige die Pflichten ihres Frauenlebens erfüllt habe, solle sie sich ihren eigenen schöpferischen Gaben widmen, »sie wird in die Rolle eines Mannes wachsen; sie wird ein Mann werden«.

Nein, das ist nicht Monikas Weg. Mit der Aufzucht eigener Kinder kann sie nicht dienen, ihre literarische Mission zählt nicht. Ein Mann werden, das liegt ihr auch nicht. Vor den Augen der Frauen ihrer Familie findet ihre Existenz keine Gnade.

In diesem entscheidenden Jahr 1964 setzt sie einen Brief an Erika auf. Sie schreibt der kranken, unerbittlichen Schwester, dieser »Prinzessin im Rabenkleid«, diese sei zur Güte nicht fähig: »Das Unerfüllte macht Dich bös. (…) Unsere Wesensverschiedenheit mochte zu Fremdheit oder Feindschaft führen, sie mochte zu einem oberflächlichen Verhältnis führen oder aber zu einer Art Kontrast-Stimulum der Annäherung. Die Überspanntheit des Familienbandes – erzeugt durch den großen Vater – läßt die Alternative offen. Eine tote Wahl. Fast das Schlimmste. Wir wissen nicht, woran wir sind. Alles was wir wissen, ist, wir sind Schwestern.«

Diesen Brief verfasst Monika für sich selbst. Er erreicht die Schwester nie.

Erikas letzte Jahre sehen in Monikas Worten so aus: »In schwarzen Atlas und Zigarettenrauch gehüllt, verlässt sie ihr Dachzimmer nicht und besorgt bis zum letzten Lebensfunken den väterlichen Nachlaß.«

Als bei der großen Schwester zu ihren anderen Krankheiten ein Hirntumor diagnostiziert wird und sie 1969, mit 63 Jahren, im Sterben liegt, ist Monika, anders als ihre Geschwister Golo, Elisabeth und Michael, nicht in der Schweiz, um der 86-jährigen Mutter beizustehen. Auch zu Erikas Beerdigung reist sie nicht an. Kurz nach deren Tod erklärt Michael, der Monika in vielem beigepflichtet und Konflikte mit Erika trotzdem vermieden hat, bei einem Besuch im

Kilchberger Elternhaus: »Jetzt ist es eigentlich ganz gemütlich hier.«

Dass Monika nicht zur Beerdigung gekommen ist, nimmt die Mutter ihr übel. »Unerlaubt teilnahmslos« habe sich Moni verhalten, »was sie mir noch etwas mehr entfremdet hat«, klagt die alte Dame dem Zwillingsbruder Klaus. Auch die Tochter erhält einen bitteren Brief.

Diesmal, zum ersten Mal, antwortet die 59-jährige Monika Mann mit ungewohnter Ruhe und Bestimmtheit: »Keiner ist schuldlos.« Als »Kriegsengel vor dem Grab« stünde die greise Mutter: »Und mit welcher Geringschätzung, als sprächest Du einem jede Reife ab, die man sich (teuer genug) errang!« Wer sie, Monika, nur ein bisschen kenne, wisse, dass sie ein gehemmter und introvertierter Mensch sei, dem es aber keineswegs an Mitgefühl fehle. »Mein (mit gutem Grund geführtes) Eremitendasein spielt mir wohl ein bisschen andere Regeln zu, seien sie mir gewährt, vergeben? Ich bemühe mich, mit mir und meinem Leben ohne Aufsehen fertig zu werden.«

Denn klar sei doch: Die Alten steckten in festem Grund, die Jungen seien immun und gemacht für das Heute. Die Mittelalten, wie sie, Monika, hätten es schwer. »Was hilft uns das Erschauern im Erkennen, das nichts mehr so ist, wie es war? Dies wollte dem Schrieb einverleibt sein, das Philosophieren trocknet die Tränen. Sie flossen reichlich, Du kannst es glauben – Deinem Kind M.«

Vor einiger Zeit hat Rolf Schott, ihr Brieffreund, Monika nach ihren Gefühlen gegenüber ihrer Mutter gefragt. Die Antwort: »Liebe? Ja, *liebe* ich das Harte (Mama)? Nein. Ich liebe nicht diese Frau. Aber sie nicht zu ›haben‹ ist undenkbar. She is a fact. One of the main facts.« Ohne sie durchs Leben zu gehen sei wie ein Gang über gebrochenen Boden: »Even death ist unthinkable –«

Die große Schwester ist tot. Genau wie Klaus, der Bruder, wie Thomas, der verehrte Vater. Das »Mielein« ist noch da, der Boden scheint zu tragen. Doch nichts wird, wie es war.

Als ob ich nie geboren wär

Pink, orange, violett leuchten die psychedelischen Prints der Pucci-Tücher, die sich Inselfrauen auf Zeit um den Kopf binden und im gebräunten Nacken verknoten. In Kaftans und knöchelfreien Caprihosen unternehmen sie tagsüber Bootstouren mit dem *motoscafi* und kreuzen abends im Club »Number Two« auf. Jackie Kennedy Onassis, im Volantrock und mit runder schwarzer Sonnenbrille, kauft handgefertigte Ledersandalen bei Canfora, um dann doch mit nackten Füßen über die Via Camerelle zu flanieren. An ihrer Seite: der Freund und Designer Valentino.

Zu dessen Clique gehört auch das Model Marisa Berenson, Enkelin der Modeschöpferin Elsa Schiaparelli und Mitglied der italienischen Fashion-Aristokratie. Die sirenenschöne Marisa hat gerade ihr Schauspiel-Debüt in der Visconti-Verfilmung von Thomas Manns Novelle *Tod in Venedig* gegeben und sagt über das Capri der magischen frühen Siebzigerjahre: »Wir tanzten die ganze Nacht, standen am nächsten Tag spät auf und hatten Lunch auf dem Boot. Jeder kannte jeden. Das Ganze war ein ›Happening‹, eine wirklich besondere Zeit.«

Wen die junge Schauspielerin wohl nicht kennengelernt

hat: die Tochter des Verfassers von *Tod in Venedig*. Dabei lebt diese nicht weit von der summenden Piazza entfernt.

Auch in der friedvollen Villa Monacone ist Monika Mann nicht entgangen, dass der Mythos Capri kein Geheimtipp mehr ist. Im neugebauten *porto turistico* in Marina Grande landen immer mehr private Yachten an, deren prominente Passagiere in den Gassen beim Eisessen und Einkaufen von den Paparazzi verfolgt werden. Die normalen Feriengäste, die zum Baden und Wandern kommen, erreichen die Marina Grande in Scharen mit dem Boot aus Neapel. Der touristische Andrang, *l'affollamento*, ist in den Siebzigerjahren zwar noch zu bewältigen, trotz steigender Zahl der Tagesausflügler, die bei den Capresen wenig beliebt sind (stehen überall im Weg herum, konsumieren aber nichts). Doch die Insel mit dem verheißungsvollen Namen ist zur Marke geworden, die Ford-Werke produzieren den »Ford Capri«, der deutsche Getränkefabrikant Wild die »Capri-Sonne«. Einen kurzfristigen Schock für den süditalienischen Tourismus gibt es nur, als 1973 in Neapel die Cholera ausbricht. Dann wird schnell gehandelt, nämlich: geimpft.

Von den politischen Unruhen und Anschlägen, die Italien während der *anni di piombo*, der »bleiernen Zeit«, erschüttern, bleibt Capri verschont. Sehr wohl hat Monika Mann aber registriert, dass mit der Hippie-Bewegung neue, grelle Zeiten anbrechen, selbst auf ihrer Insel, an der sie doch genau das Stille liebt. Dieses dauernde Gerede neuerdings von Sex! Dazu hat sie eine klare Meinung, die sie in einem Feuilleton äußert: »Es gibt keinen Sex-Appeal ohne Liebe. Und es gibt keine Liebe ohne Sex-Appeal.« *Sex und Soul* nennt sie ein anderes Textstück: Lebe »Soul«, die Seele also, nicht in »Aufschwung und

Brechung des schöpferischen Aktes und Liebesaktes«? Den Akt zum »seltenen Fest« zu machen, sei nicht nur Mittel gegen die Überbevölkerung, sondern auch wider die Seelenlosigkeit.

Vielleicht hängt diese Haltung ein bisschen damit zusammen, dass Antonios Herzbeschwerden zunehmen und das mittelalte Paar sich mehr und mehr damit begnügen muss, Händchen zu halten. Monika schreibt ihm einmal, das mache ihr nichts aus. Marisa Berenson und ihre libertinen Freunde jedenfalls werden den etwas strengen Appell in der Schweizer Zeitung *Die Tat* nicht gelesen haben.

In den hitzigen Sommern flieht Monika Mann Capri weiterhin. Nach Südtirol, Klobenstein oder Villnöß, wo sie ihre langjährige, solidarische Freundin Elsie Diem trifft. Diese bleibt, wie lange auch die Schotts, eine verlässliche Konstante. Doch Reisen wird jetzt komplizierter für Monika. Verbindungen suchen, Züge und Bahnsteige wechseln – ohne Begleitung macht sie das zunehmend nervös.

Auch auf Capri pflegt sie ein paar Kontakte. Der Maler Oskar Kokoschka soll sie mehrfach in der Villa Monacone besucht haben, in der er selbst rauschhaftes Glück erlebt hat. Wenn Monikas Züricher Freunde Ortner auf Capri Ferien machen, bekocht sie sie, und aus einigen Zufallsbegegnungen auf dem Pizzolungo und Logiergästen in benachbarten Ferienapartments haben sich nette, nicht bedrohlich tiefe Bekanntschaften entwickelt. Reisen sie ab, leben Monika Mann und Antonio Spadaro wieder, so sagt sie, ganz allein und verbannt in der Monacone wie weiland Kaiser Tiberius in seiner Villa Jovis.

Damit sind sie zufrieden. Fotos zeigen ein attraktiv gereiftes Paar von mehr als 60 Jahren in selbstverständlichem Einver-

Monika Manns Lebensgefährte Antonio Spadaro, Nachfahre italienischer Fischer und Maurer, auf seiner Heimatinsel Capri

nehmen: Monikas weiche Gesichtszüge wirken entspannt, Antonios Haar wird zwar dünn, doch sein Blick unter den dunklen Brauen ist immer noch verschmitzt und ihr zugewandt. Liebevoll ruht seine Hand auf ihrem Arm. Monika achtet auf seine Erscheinung, schlank soll er bleiben und elegant, ganz der Aristokrat aus dem Volke, den sie in ihm sieht: der Graf von Monacone.

Ihr gemeinsamer Alltag: »Antonio baut kleine Schiffe. Ich baue Artikel. Und koche fein.« Monikas Repertoire reicht von »Gemüsesuppe köstlichster Art« über Huhn zu Fisch zu »Birnenkompott mit Orangenschnaps«, natürlich von der Insel. Kehrt sie im Herbst aus der Schweiz zurück, hat sie kräftig duftenden Käse und Birchermüsli im Gepäck, und Anfang Frühling kommt manchmal, die italienische Post lässt sich Zeit, Weihnachtsgebäck aus der Schweiz an.

Die Abende sind noch immer der Musik gewidmet. Am

schönsten klingt sie in der Dämmerstunde, wenn Himmel und Meer perlmuttschimmernd zusammenfließen, Monika und Antonio sehen das Naturschauspiel von ihren Sesseln am Kamin durch die Verandatüre. Monika hört nicht nur Klassik, interpretiert von Furtwängler oder den Pianisten Edwin Fischer und Artur Schnabel, sondern lässt auf ihrer ziemlich guten Stereoanlage (die beste auf dem Markt, ihre einzige Extravaganz) im Gewölberaum auch Modernes laufen wie »Help« von den Beatles – »beides gilt«, E- wie U-Musik.

Bei der Lektüre neigt sie zum vertrauten Kanon, zu Stifter und Goethe. Die zeitgenössische Erzählung *Montauk* von Max Frisch begeistert sie allerdings so sehr, dass sie dem Schweizer Schriftsteller über dessen Verlag ein briefliches »Auguri!« zukommen lässt. Der Schluss ergreift sie, eine Trennungsszene, es kommen Möwen vor: »Dies ist genug, Sie groß zu machen.« Eigentlich hätte sie einfach ihren Bruder Golo nach Frischs Adresse fragen können. Der ist dessen Nachbar im Tessiner Bergdorf Berzona, wo beide ein Haus besitzen. Aber mit Golo, der seit dem Riesenerfolg seines historischen Wälzers *Wallenstein* von der Rolle als »son of …« freigeschrieben ist, hat sie wenig Kontakt.

Manchmal, schreibt Monika ihrer Mutter, »fehlt mir eine Unterhaltung«.

Manchmal fehlt ihr auch die Familie.

Die lässt sich nach all den Jahren immer noch nicht auf Capri blicken. Golo, ganz pflichtbewusster Sohn, ist der greisen Mutter zuliebe ins Elternhaus nach Kilchberg gezogen und flüchtet vor dieser Belastung und seinen Depressionen ins Tessin zum Wandern, ganz sicher aber nicht nach Capri zu einer Schwester, die er nicht mal zum runden Geburtstag einlädt. Den Neffen Frido, inzwischen verheiratet und beruflich mit Theologie und Philosophie beschäftigt, hat Monika einmal mit seiner Frau eingeladen, weil sie sich 1966 nicht auf seine Hochzeit in München traute: zu viel Familie, zu kurz nach dem endgültigen Bruch mit Erika. Doch Frido konnte einen Besuch nach Capri nicht einrichten. Dessen in Kalifornien lebender Vater Michael, der sich mittlerweile beruflich von der Musik ab- und der Germanistik zugewandt hat und bald den väterlichen Nachlass mitverwalten wird, ist zu weit weg. Und Katia, ja, das »Mielein« kommt auch nicht.

Nur Elisabeth Mann Borgese hat einmal den Weg nach Capri gefunden. Plötzlich war sie da. »Das ist so ihre Art. Aus Malta, Santa Barbara, Belgrad, Paris … Sie ist so beweglich. Es gab Kuchen, Wein, Musik.« Monika zeigt ihr das Haus, vielleicht klettert sie mit ihr über die kleine angelehnte Leiter vom Innenhof hoch auf das weiß getünchte Flachdach, auf dem Töpfe mit Kakteen gruppiert stehen wie auf einer Terrasse, und präsentiert ihr das blaue Wunder.

Die Tatsache, dass die Villa Monacone mit den Füßen geradezu im Wasser steht, muss »Medi« gefallen. Die Liebe des Vaters zum Meer haben beide Töchter geerbt, aber ihre unterschiedlichen Temperamente leiten daraus Unterschiedliches ab: Moni fühlt, und Medi tut.

Dem Schutz der Weltmeere gilt inzwischen ihre ganze Leidenschaft. Elisabeths Töchter sind groß, und sie macht es genau so, wie sie es in ihrem emanzipatorischen Buch *Ascent of Woman* angekündigt hat: Sie verwirklicht sich und ihre Ambitionen. Im amerikanischen Santa Barbara forscht sie in einem politischen Think Tank und erarbeitet die Grundlage der UN-Seerechtsverfassung, die die Meere zum Erbe der

Menschheit erklärt und ihre Ausbeutung durch die Industrienationen verhindern soll. Sie gründet ein International Ocean Institute auf Malta, wird als einzige Frau Gründungsmitglied des Club of Rome und schreibt den in 13 Sprachen übersetzten Bestseller *Das Drama der Meere*. Nebenbei hat sie sich einen Spleen für Hunde zugelegt, zeitweise auch einen Schimpansen, sie fährt mit dem Jeep nach Indien, hat mit dem (verheirateten) maltesischen UN-Botschafter Arvid Pardo eine (geheime) Liebe gefunden und führt überhaupt ein Leben, auf das nur ein Wort passt: frei.

Elisabeth also hat bei ihrem Besuch, sprudelnd vor Ideen und Lachen, mehr zu erzählen als die ältere Schwester. Was kann diese schon berichten?

Monika hat vor Jahren ihre beiden letzten Büchlein herausgebracht, aber nicht an die Resonanz ihrer Memoiren anknüpfen können. 1966 erschien in einem kleinen Verlag *Wunder der Kindheit – Bilder und Impressionen*, die Widmung (»Für Mielein, meine Mutter«) verhallte ungehört, wie das ganze Werk. Das fünfte und letzte Buch, *Der letzte Häftling*, umfasste nur 15 kryptische Seiten und erhielt nicht einmal einen festen Einband. Das war 1967. Seitdem werden in der Villa Monacone nur noch kurze Artikel »gebaut«. Elisabeth hört sich das an, verspricht, ihre amerikanischen Kontakte wegen Monikas Texten anzusprechen, und reist in der Überzeugung ab, die Schwester mache aus ihrem Leben auch weiterhin nicht genug.

Hatte Monika gehofft, dass die Mutter sich ihr nach dem Tode Erikas annähern würde, so muss sie erkennen: Das ist nicht der Fall. Bei den Kilchberger Weihnachtsfesten, zu denen Elisabeth, deren Töchter Angelica und Nica samt Familien und Frido anreisen, ist Monika nie dabei. Nimmt sie in den Sommerwochen im Elternhaus Quartier, berichtet sie Antonio von einer fremden und oberflächlichen Atmosphäre: »Das Haus macht melancholisch!« Da sind die traditionellen Besuche beim Züricher Zahnarzt fast schon willkommene Ablenkung.

Im Herbst 1974 erscheint ein interessantes Buch auf dem deutschen Markt: *Meine ungeschriebenen Memoiren* von einer nun 91-jährigen, schlohweißen, königlich auftretenden Katia Mann. Eigentlich ist sie ja der Ansicht, »in dieser Familie muss es einen Menschen geben, der nicht schreibt«. Nun hat sie sich doch breitschlagen und Interviewaussagen zu einem Buch kompilieren lassen, was ausschließlich ihrer »Schwäche und Gutmütigkeit« zuzuschreiben sei. Das Ganze war Michaels Idee, gewissermaßen als Ouvertüre zum anstehenden Gedenkjahr 1975 mit dem 100. Geburtstag von Thomas Mann. Die Memoiren sind reizend, witzig, erlauben sogar private Einblicke. Katia erzählt, wie sich Thomas Mann schon als 14-Jähriger in ihr Kinderbild von Kaulbach, die kleine Katia als weiblicher Pierrot, verliebte, wie er sie als Mädchen in der Münchener Trambahn beim Disput mit dem Schaffner erlebt und sich gesagt habe: Jetzt *müsse* er sie kennenlernen. Sie berichtet vom Alltag mit dem Nobelpreisträger, von ihren Sanatorien-Aufenthalten als Inspiration für Manns *Zauberberg*, vom Exil. Und sie erzählt von ihren Kindern.

Monika kommt in diesen Erinnerungen lediglich indirekt vor, ohne dass Katia Mann auch nur einmal ihren Namen nennt. Alle können jetzt erfahren: »Mein Mann war viel mehr für die Mädchen. Obgleich er ein Mädchen für nichts Ernsthaftes hielt, war Erika immer sein Liebling; und dann die Jüngste, Elisabeth. Die beiden Mädchen hatte er bei weitem am liebsten, sie standen ihm entschieden näher als die Söhne.«

Dies ist eine der vier »Erwähnungen« von Monika. Eine andere: »Im Ersten Weltkrieg war es sehr schwierig, eine Familie mit vier heranwachsenden Kindern einigermaßen zu ernähren«. Über das Züricher Exil berichtet Katia, die Jüngsten hätten ja bei ihnen gelebt, und Erika, Klaus und Golo seien zu Besuch gekommen. Die mittlere Tochter, damals als Sorgenkind in Florenz – wie inexistent.

Monika Mann, die ihrer Mutter in *Vergangenes und Gegenwärtiges* ein Denkmal gesetzt und dabei sämtliche Spannungen verschwiegen hat, die ihr ein Buch und ein Feuilleton mit dem Titel *Mielein. Kleine Aussagen über meine große Mutter* gewidmet hat, liest Katias Memoiren auf Capri im Oktober 1974, direkt nach Erscheinen. Dann klappt sie das Buch zu und schreibt der Mutter einen Brief.

»Chère Mamman, hier kommt ein Vogel geflogen, hat ein Zettel im Schnabel … (…) Auffallen muß, daß Du Dein Kind Moni in Deinen Memoiren nicht *ein*mal erwähnst, als ob ich nie geboren wär. Merkwürdigerweisis ärgerts mich nicht mal. Nur die Leser mögen – ein *bißchen* staunen!« Trotzdem: »viele Herzengrüße von dem Kind, das nicht ›vorkommt‹«.

Wochen später setzt sie nach: »Es ist ja aber nun denn doch halt so: daß jene Lücke mehr Gewicht erhält (…). Was bleibt, als nach Art des Christen, zu tragen, vertragen und der Sonne zu danken, so lange sie uns scheint.«

In den erhaltenen Briefen an Elisabeth äußert sich Katia zuverlässig scharfzüngig über Monika. Zum Beispiel, weil diese zum Todestag Thomas Manns pathetische »Vatergedenken« per Telegramm geschickt habe, statt, wie »das treue Dingerle«, ganz einfach »wunderschöne dunkelrote Rosen«.

Auch vom Vater ist Mitte der Siebzigerjahre zu hören, posthum. 1975 und damit 20 Jahre nach dem Tod von Thomas Mann endet die Sperrfrist für seine unter Verschluss liegenden Tagebücher: Hefte aus den Jahren 1918–1921 sowie 1933–1955 sind erhalten. Ein Mammutwerk für sich. Michael Mann übernimmt als Herausgeber und beginnt mit der Lektüre. Er liest, wie beglückt der »Zauberer« über sein »Kindchen« Elisabeth war, während die Eltern bei ihm über eine Abtreibung nachdachten, dass der Vater dann, als »Bibi« doch auf die Welt kam, oft Kälte empfand. Die Tagebücher erzählen von der Intensität einer lebenslang versteckten homoerotischen Neigung und davon, wie Thomas Mann dadurch sein Leben »stärker ins Kanonische« eingeordnet empfand als durch »Ehe und Kinder«. Sie zeigen ihn nachdenklich, eitel, peinlich, liebend, zerrissen, als: Mensch.

Die reinste indiskrete Leichenschau, findet Golo, so viel vom Vater erfahren zu müssen, dessen Persona schon zu Lebzeiten einen monumentalen Schatten warf: »Warum hat er's nicht vernichtet?« Michael erhält vom S. Fischer Verlag Kritik für seine Auswahl, und Golo und Elisabeth stimmen zu: Das müsse man anders machen. Monika wird nicht gefragt.

Kurze Zeit später, in der Neujahrsnacht 1977, stirbt Michael mit 57 Jahren an einer tödlichen Mischung von Alkohol und Barbituraten. Elisabeth glaubt sofort an Selbstmord.

Katia Mann weiß nichts vom Tod ihres Jüngsten. Sie wird dement. Sie sucht ihre tote Tochter Erika im Haus, fragt nach ihrer eigenen Mutter Hedwig Pringsheim und auch, ob sie denn jetzt gar keine Kinder mehr habe. Da sie in klaren Momenten noch Briefe schreibt, legt Privatsekretärin Anita Naef diesen heimlich ein Zettelchen bei: Bei Frau Mann lasse das Gedächtnis nach und sie sei nicht im Bilde über Michaels

Tod: »Medi und Golo wollten es ihr nicht mitteilen« … So soll »ein Choc« vermieden werden.

Die Herausgabe der Thomas-Mann-Tagebücher übernimmt nun Peter de Mendelssohn. Der legt auch Monika Mann Passagen vor, die sie betreffen. Nun sitzt sie in der Villa Monacone an ihrem Schreibtisch und liest in dieser späten Familienaufstellung, wie distanziert ihr der »verehrte Vater Zauberer« gegenüberstand. Vor allem: wie stark Katia Manns »Antipathie« den Stellenwert des »Mönle« in der Familienhierarchie beeinflusste. Und zu diesem Zeitpunkt kennt Monika noch nicht einmal Katias Manns Briefe, in denen ihr Hohnlied gesungen wird.

Die Lektüre der väterlichen Tagebücher macht ihr Angst: »I am afraid of knowing who my father is. The more I know, the more his face gets foreign.« An Peter de Mendelssohn schreibt sie: »Mein ganzer Daseinsmythos wird erschüttert.« Wäre insgesamt mehr über sie bemerkt, könnte sie »jenes ›Unfreundliche‹« ja akzeptieren. Ja, sie weiß, dass der »Zauberer« ihr gegenüber oft gereizt war, aber hatte er nicht auch Glauben an sie, und neckte er sie nicht liebevoll? Davon findet sich leider nichts in den Tagebüchern. Am liebsten würde sie das alles »dem Deifi« überlassen, aber sie fragt ja keiner. Unter Thomas Manns Tagebuchauszug von 1942, in dem er seiner »Erbitterung über ihre Existenz die Zügel schießen« lässt und auf ihre »Entfernung« drängt, und zwar nach einem Gespräch mit Erika und Katia, notiert Monika handschriftlich: »Liquidierung. *Noch* schöner! Mir völlig WURSCHT«.

Und dann gibt sie alles frei – und sich selbst in einem Feuilleton betont souverän: Ach, Tagebücher – früher was für junge Mädchen, heute wohl große Mode.

Der Vater ist tot, und das »Mielein« verliert ihren starken Geist jeden Tag ein bisschen mehr an die Demenz. Für Golo, der mit ihr unter einem Dach in Kilchberg lebt und mal Klarheit, mal monströse Senilität erlebt, eine Qual. Im Tagebuch schleudert er ihr 1978 den verzweifelten Satz entgegen: »Du Tote! Geh doch endlich zu den Toten, zu denen du gehörst.« Im Stich gelassen fühlt er sich von den Geschwistern, der egoistischen »Medi«, eigentlich seine Lieblingsschwester, und natürlich der faulen Monika.

Die nimmt nun öfter in der Villa Monacone ihr Telefon zur Hand, um Katia Mann kurz zu hören, schreibt ihr aber weiterhin. Sie kann dabei nie wissen, ob sie die Mutter in einem wachen Moment erreicht. Die Briefe klingen ausgekämpft.

1977: »Chère Mammanli, es ist schon März und Frühling, weil die Erde sich immer dreht und wir uns mit ihr drehen, dabei alt werden, während sie, die Erde von nix was merkt. Diese Bemerkung könnte in dem Tagebuch stehen, das Du – *obwohl* es ein kleines Sperrschloss hatte – lasest (ich war acht), remember?! (…) Dies ist ›nur‹ ein Lebenszeichen. Zu erzählen gibt es kaum was.« Dann steht der »Wonne-Wonnemonat Juni« vor der Türe, »wo bekanntlich im Münchner Garten *so viele und schöne Rosen blühten, weißt* Du noch?! Zum Geburtstag des lieben und großen Zauberers – *und* zum Geburtstag des beesen und kleinen Monnile!« 1978: Vielleicht lasse sich die Mutter diese Zeilen ja von »Deiner Dulala« vorlesen, der »Lieblingstochter Elisabeth«. Monika kann sich auch nicht verkneifen zu klagen, dass sie zum 68. Geburtstag »nix und wieder nix« von der Mutter erhalten habe.

Vor langer Zeit, im *New Yorker Tagebuch* von 1945, notierte Monika über die Macht von Eltern: »Wir verlieren nie gänzlich die angeborene Furcht vor ihnen, die wir am heftigsten als kleine Kinder spüren, die uns aber auch in unserem späteren Werden noch antreibt.« Die Angst ist nun Resignation gewichen. Für Aussprachen ist es zu spät. Heilung gibt es nicht, bis zum Schluss.

Aber den Kontakt abbrechen – »unthinkable«. Zu fest geknotet ist ihr »religiöses und animalisches Band« an Katia Mann. Für Monika Mann leuchtet ihre Kindheit wie Himbeeren in einem flüsternden bayerischen Sommerwald. Die Erinnerung an die Mutter mit der tröstlich tiefen Stimme ist ihr kostbarer Privatbesitz. Den lässt sie sich von niemandem wegnehmen. Nicht mal vom »Mielein« selbst.

1979 schreibt Monika nach Kilchberg: »Chère Mamman, nur ein dürftig Grüßli von der Moni, die Du am Telefon nicht erkennst und furchtbar anschreist.«

Im Jahr 1980 kommt es zu zwei Erschütterungen: Östlich von Neapel bebt die Erde bei Stärke 6,89 auf der Momenten-Magnituden-Skala, es ist die schwerste Naturkatastrophe der italienischen Nachkriegszeit mit 3000 Toten.

Und in Kilchberg stirbt Frau Thomas Mann im Alter von 96 Jahren.

An der Beerdigung in der Schweiz nimmt Monika nicht teil. Kurz danach, im Mai 1980, berichtet ihr Bruder Golo der gemeinsamen Münchener Jugendfreundin Lena Gruber: »Moni war gar nicht da, weil sie ihren kranken Lebensgefährten auf Capri pflegen musste«.

Il tempo di vivere con te

Antonio Spadaro sitzt im Abendlicht auf der Veranda der Villa Monacone und ist guter Dinge. Nur noch ein paar Handgriffe, dann ist sein neues Flaschenschiffchen fertig, außerdem gibt es gleich Abendessen.

In der winzigen Küche stehen sich Michele Colocci und sein Freund Simone im Weg und hantieren lärmend und lachend mit Töpfen. Die beiden kochen Pasta, bergeweise Pasta, denn sie sind 17 Jahre alt und hungrig. Den gleißenden Augusttag haben Monika Manns Großneffe Michele und sein Kumpel am Meer verbracht, gleich morgens sind sie zum Beach Club »Da Luigi« am Fuße der Faraglioni hinuntergestiegen. Im Vergleich zum benachbarten Society-Treffpunkt »La Fontelina« ist das »Da Luigi« zwar günstiger, aber immer noch kostspielig für Teenager. Um Geld zu sparen, springen sie an den meisten Tagen direkt daneben von den spitzen Felsen ins Wasser, holen sich an der Bar nur ein Sandwich und genießen den Trubel fast umsonst.

Jetzt tragen sie Teller zum Verandatisch, der sich biegt vor Nudeln mit Speck und Olivenöl, Brot, Parmigiano, ein Glas Rotwein gibt es auch. In den Genuss solch üppiger Freuden kommt Antonio nur noch selten, denn seine »Monascella«

hat sie auf ärztlichen Rat verboten und kocht gesund und leicht. Oft Gemüsesuppe, leider. Aber die Jugend kann wirklich nicht Diät halten auf Capri, das wird sie wohl einsehen.

Später zeigt Antonio den Jungen, wie man ein Flaschenboot ins winzige Glas bugsiert, den streichholzlangen Mast aufrichtet und mit einem Bindfaden langsam das Segel aufzieht. Überhaupt finden sie den Alten, inzwischen Mitte 70, wahnsinnig nett, sogar lustig. Michele, der ja oft genug gehört hat, wie die Familie Mann Antonio als »diesen Fischer« bezeichnet hat, fragt nach: Stimmt das eigentlich? Und Antonio hebt die eleganten Hände und lacht: »Nein, nie damit beruflich geangelt – nur zum eigenen Bedarf.« Dann spielen sie eine Runde Karten, und Michele und Simone ziehen wieder los. Oder sollten sie besser dableiben? Antonio scheucht Michele und Simone lächelnd hinaus: »Los, geht!« Die Sommernacht auf Capri ist jung, und sie haben Ferien.

Monika Mann ist wieder für ein paar Wochen nach Südtirol und Zürich verreist und folgt dort ihrem Sommerfrischeprogramm: die Freundin Elsie Diem treffen, spazieren gehen, Apfelkuchen essen. Antonio begleitet sie schon seit einiger Zeit nicht mehr in die Berge, zu anstrengend. Er hatte immer wieder Herzprobleme und lag wegen einer »Herrenoperation« wochenlang im Krankenhaus in Neapel. Schonen soll er sich, was nicht bedeutet, dass Monika ihn von seinen Einkaufsgängen in den Ort entbindet. Sie möchte ihren Lebensgefährten aber nicht alleine im Haus wissen, deshalb hat sie die beiden Jungen in der Villa Monacone einquartiert – Urlaub gegen Betreuung, lautet der Deal. Zwischen Antonios Apartment im Erdgeschoss und Monikas Wohnung im ersten Stock gibt es neuerdings ein elektrisches Klingelsystem, sodass man sich gegenseitig rasch verständigen kann, zusätzlich eine altmodische Handklingel, für alle Fälle.

Michele ist der Sohn von Elisabeths älterer Tochter Angelica, die mit ihrer Familie in Florenz lebt. 1978 kam sie mit ihrem halbwüchsigen Sohn zu Besuch nach Capri. Sie wollte »Tante Moni«, die Außenseiterin, einmal näher kennenlernen, von der ihre leistungsorientierte Mutter Elisabeth immer so kritisch spricht. Michele Colocci erinnert sich an die Freude seiner Großtante Monika über diesen raren Familienbesuch. Und an ihr drolliges Deutsch-Neapolitanisch, sehr erheiternd für einen Jugendlichen.

Mit geradem Rücken auf ihrem Brokatsessel thronend, läutet die 70-jährige Dame mit den weißen, hochgesteckten Haaren damals mit ihrer Handklingel nach Antonio, um ihn zu bitten, der Nichte Angelica ein Glas Whiskey zu kredenzen. »Johnny Walker Black Label«, den guten also, »sehr teuer«, klärt Angelica ihren Sohn später auf. Sie erhält ein paar symbolische Tröpfchen. Auch das geht als »typisch Tante Moni« in die Familienerzählungen ein: nur das Beste – aber nur ein bisschen! Trotzdem eine gelungene Begegnung, bei der die Idee aufkam, der zuverlässige Michele solle doch Ferien auf der Insel verbringen. Die Aufgabe: in Monikas Abwesenheit für Antonio einkaufen, aufräumen, kochen, und zwar gesund. Und ihn nachts nicht allein lassen.

Nach Micheles erstem Sommer auf Capri trifft in Florenz ein Beschwerdebrief von Tante Moni ein. Antonio habe sich beklagt: Die beiden Buben hätten ihn gemästet, er habe zugenommen! Sie hätten ihm sogar Alkohol angeboten. Und ihn nachts alleine gelassen. Bestürzung bei Michele. Hätten sie dem alten Herrn das Gläschen Wein entwinden sollen? Den Nachtisch verbieten? Sommer auf Capri – für immer vorbei?

Doch im Frühling darauf ist alles wieder gut. Es folgen eine neue Einladung in die Villa Monacone und ein weiterer glänzender Sommer, in dem Antonio die Gesellschaft der Jungs genießt und die beiden ihre Inselfreiheit. Im Herbst dann wieder Monikas Rüge, was sie nicht daran hindert, eine weitere Einladung auszusprechen. Ganz offenkundig handelt es sich dabei um ein Ritual der Seniorin, das man nicht weiter krummnehmen sollte.

Mit Micheles Großmutter Elisabeth und mit Golo, ihren beiden letzten verbliebenen Geschwistern, hat Monika Mann nur sporadisch Kontakt. Elisabeth Mann Borgese hat mittlerweile eine Professur für Politikwissenschaft in Halifax an der kanadischen Atlantikküste übernommen und ein abgelegenes Haus mit bis zum Boden gezogenem Spitzdach gekauft, mit Blick auf das Meer. Einsam findet sie es dort kein bisschen: Der Kontakt zu Studenten, die beruflichen Reisen und Passionen halten sie jung. Da ist zudem ihr International Ocean Institute mit seinen Forschungsprojekten zur Rettung der Weltmeere, für das sie trommelt und Gelder sammelt (bei Monika probiert sie es ebenfalls, mit wenig Erfolg). Und außerdem warten im Küstenhaus vier Hunde, Englische Setter, denen sie, nur halb zum Spaß, Klavierunterricht erteilt.

Der mit vielen Ehrungen ausgezeichnete Historiker und Schriftsteller Golo Mann hingegen lebt seit dem Tode von Katia Mann allein im Kilchberger Elternhaus und versucht, die Dämonen der Familie daraus zu vertreiben. Einer Familie, die er, wie er einem Freund anvertraut, »nie wirklich mochte, in der ich mich immer fremd fühlte, von der loszureissen ich aber doch die Kraft nicht hatte – bis zum heutigen Tag«. Er hängt alte Bilder ab und neue auf, doch das reicht nicht. Das Amt als Familiensprecher, der Copyright und Vermögen verwalten muss, geht ihm auf die Nerven. Auf den berühmten Vater, den er nur noch »TM« oder »den Alten« nennt, möchte er auch nicht dauernd angesprochen werden. Vor einiger Zeit hat Golo seinen früheren Partner Hans Beck adoptiert, der jetzt verheiratet und als Vater zweier Töchter in Leverkusen lebt. Das ist seine selbstgewählte Ersatzfamilie.

Sowohl Golo als auch Monika sehen sich als Mann-Versehrte, aber, wie schon in der Jugend: Das bringt sie einander keineswegs näher. Elisabeth, das Lieblingskind, hat für so viel Groll kein Verständnis. Beiden Geschwistern liest sie mit der Rigorosität ihrer Mutter Katia die Leviten – ihre Vorwürfe seien einfach kindisch. »An den Familienfluch«, so Elisabeth an Monika, »glaube ich nicht. Spüre ihn nicht. Es heißt, *after fourty, everyone is responsible for his own face.* Stimmt genau. Heißt auch: *For the relations with his family. To blame mommy and daddy for one's misfortune at the age of seventy is childish, that's all it is.*«

An den emotionalen Verfallstendenzen ist Monika nicht unschuldig. Gegen ihre beiden noch lebenden Geschwister hat sie seit Ende der Siebzigerjahre kräftig ausgeteilt, genau wie gegen den Rest der »amazing family«. Die sie betreffenden Enthüllungen von Katia Manns *Ungeschriebenen Memoiren* und Thomas Manns Tagebüchern haben Monika erschüttert. Jetzt strebt sie danach, die Deutungshoheit über ihre Existenz zurückzuerlangen. Das gelingt nur über eine öffentliche Bühne. Sie gibt Interviews.

Und die klingen nach Abrechnung. Mit der Münchener

Abendzeitung führt Monika Mann 1979 ein Gespräch, dessen bittere Überschrift »Mein Vater hatte mich nicht weiter gern« lautet. Sie behauptet, froh zu sein, nicht im Werk des »Zauberers« vorzukommen, »weil es sich fast immer um Karikaturen, tückische Passagen handelt«. Die Mutter Katia sei unmusisch gewesen, das Verhältnis zu Erika miserabel, der Bruder Michael habe sich »leider zu Tode gesoffen«. Schade, denn er und Klaus seien ihre Lieblingsgeschwister gewesen. Elisabeth »schwirrt in der Welt herum, wirft all ihr Geld in den Ozean. Manchmal schreiben wir uns böse Briefe, weil sie nicht genug bekommen kann«. Und Golo? Mit dem habe sie wenig Verbindung, er sei »ein Hagestolz, von Natur aus griesgrämig«.

Für eine deutsche TV-Dokumentation über ihren geliebten Bruder Klaus Mann, der immer für die Schwächeren, also auch für sie, eintrat, steht sie ebenfalls zur Verfügung, so nervös wie direkt: »Mit meiner Mutter hatte ich Schwierigkeiten. Mit meinem Vater nie. Mit meinem Vater hatte ich überhaupt so gut wie gar nichts. Da war nicht viel Verhältnis.« Klaus, sagt sie, hätte älter werden, länger leben müssen, um sich als Schriftsteller wirklich unabhängig zu machen vom Vater: »Das ist ihm eben nicht gelungen.«

Dem überaus diskreten Golo sind ihre Äußerungen ein Graus. In Briefen an Elisabeth nennt er seine Schwester Monika nur noch »die aus Capri«. Wütend macht Golo auch, dass sie sich nach Katias Tod weigert, ihren Anteil am Kilchberger Haus an ihn zu verkaufen, der schließlich darin lebt – so wie die Miterben Elisabeth und Michaels Kinder das selbstverständlich getan haben. Noch wütender macht, dass Monika zudem ankündigt, im Falle von Antonios Tode ebenfalls in Kilchberg einziehen zu wollen.

Seltsame Idee. Monika könnte sich ein eigenes Heim, ob auf Capri oder in Zürich, leisten. Sie ist durchaus vermögend. Nach Katia Manns Tod hat sie ihren Anteil des Erbes von knapp drei Millionen Schweizer Franken erhalten. Hinzu kommen die Einnahmen aus dem Werk von Thomas Mann, und die sensationellen Tagebücher kurbeln das Interesse an diesem anscheinend doch so modernen, ambivalenten Künstler kräftig an: Die Tantiemen steigen seit 1979 auf mehr als 500 000 Mark pro Jahr.

Golo Mann versteht es einfach nicht. Ist es Geiz, der Monika zu ihrer Weigerung veranlasst? Oder Boshaftigkeit? An Elisabeth schreibt er: »Daß sie in aller Heimlichkeit bereits ein Testament gemacht hat, demzufolge das Ganze irgendeinem guten Zweck zugeführt werden soll, dessen halte ich sie durchaus für fähig. Die einzige Hoffnung ist, daß ihre Faulheit noch schwerer wiegt als ihre Bosheit.«

Aber womöglich ist Monika Mann dieses Mal fest entschlossen sich zu wehren, als ihr wieder ein Oberhaupt der Familie die Tür weisen will. Das Kilchberger Haus symbolisiert für sie mehr als eine kostenlose potenzielle Unterkunft, nämlich: »den Vater, das Ganze, die Herkunft, meine Existenz«.

Geizig übrigens ist die sparsame Monika Mann, die in all der Zeit die inseltypische Einfachheit ihres Lebens im Süden schätzen gelernt hat, eigentlich nicht. Dem Thomas-Mann-Tagebuchherausgeber Peter de Mendelssohn schenkt sie einmal 4000 Schweizer Franken, und ihrem Großneffen Michele Colocci finanziert sie, gemeinsam mit Elisabeth und Golo, die College-Ausbildung. Auch bei Investitionen in die Villa Monacone, ihr Zuhause seit mehr 25 Jahren, zeigt sie sich großzügig.

1980 ist Monika Mann 70 Jahre alt geworden. Der Schriftsteller Werner Helwig, den sie persönlich gar nicht kennt und der schon ihren poetischen Band *Tupfen im All* in der *Neuen Zürcher Zeitung* besprochen hat, gratuliert ihr jetzt öffentlich zum runden Geburtstag: Ihr Charme sei bayerisch, ihr Witz »von eigenwilligem Schliff«, Unaufdringlichkeit eine ihrer Charaktereigenschaften. Obwohl nicht Vorzugskind des berühmten Vaters, habe sie ein »nicht opulentes, aber reich ziseliertes Werk« vorgelegt. Längst habe sie auf Capri »den Ruhepunkt ihrer beschwerten Existenz« gefunden, wo sie als Dichterin an einem Arbeitstisch mit dem schönsten Ausblick der Insel, dem auf die Faraglioni-Felsen, gelassen der Zukunft entgegensehe, »bringe sie, was sie wolle«.

Ja, was bringt sie, die Zukunft?

Ein paar Korrespondenzen mit Züricher Freundinnen und Überlebenden aus dem Kosmos der Familie Mann sowie mit Elisabeth. Besuche der Piazza von Capri, wenn die religiösen Prozessionen mit ihren blinkenden Lichtern und Musik die Gassen füllen oder wenn Konzerte gegeben werden. Das Verweilen auf dem stillen Treppchen zwischen Via Tragara und dem Pizzolungo, wo sie sich gerne niederlässt, um die umherschnürenden Katzen zu streicheln. Beim Aufblicken wünscht sie dann Vincenzo Ruggiero, dem Hotelbesitzer der benachbarten Villa Brunella, der gerade an der Aussichtsterrasse steht, *buon giorno*. Die Besuche von Anna Maria Boniello, längst erwachsene Tochter von Antonios Freund und inzwischen Journalistin, die mal alleine auf einen Plausch vorbeikommt und ein anderes Mal einen anregenden Besucher wie den Verleger Tullio Pironti mitbringt, der Monikas Memoiren in Italien herausbringen will. Vielleicht noch ein paar Abendessen mit Graham Greene im »Da Gemma«. Das Morgenlicht durchs Fenster der Villa Monacone, und der Blick vom Bett durch blühende Bougainvillea in den Himmel. Das Rufen der Möwen über den Faraglioni und das Klatschen des Wassers gegen graues Gestein.

Antonio. Der sie manchmal noch auf ihren Spaziergängen auf dem Panoramaweg begleitet, langsam, und ihre Hand nimmt, die früher so unruhig war.

Und dann, es ist das Jahr 1982, gibt es unverhofft eine neue Begegnung auf dem Pizzolungo.

Monika Mann lehnt sich über die Balustrade ihrer Veranda, als von unten eine frische, bayrisch gefärbte Stimme zu hören ist: »Grüß Gott, Frau Mann!« Ja, das sei sie, bejaht sie unwillig und blickt hinunter auf den Weg, in ein offenes, freundliches Jungengesicht mit kurzgeschorenen Haaren. Er sei Student an der Münchener Universität, sagt der junge Mann in Jeans und T-Shirt, Kunsterziehung, und im Studium für Deutschlehrer habe er gerade eine Seminararbeit über Thomas Manns *Tod in Venedig* geschrieben. Er wohne während der Semesterferien mit Kommilitonen in der Casa Malaparte, um das Anwesen instand zu halten, Kost und Logis seien frei. Er komme auf dem Weg ins Dorf ja täglich an ihrem Haus vorbei und habe sie gleich erkannt, der Familienähnlichkeit wegen. Wolle aber nicht weiter stören. Aha, sagt Frau Mann ungnädig, und er sei wer? »Hans Peter, aber alle nennen mich HP – also Happy.«

Happy! Ausgerechnet. Beim nächsten Mal bittet sie den 23-Jährigen hinein in die Villa Monacone, und von nun an klopft Happy ein- bis zweimal in der Woche an die Türe, vier Sommer lang, bis ins Jahr 1985. Immer ist er willkommen, oft hält Monika Mann schon von der Veranda aus Ausschau nach ihm. Stets gibt es eine Tasse Tee für ihn, meist läuft im Hintergrund leise Musik. Hans Peter Bergmann fallen die vielen Bücher auf und die zahlreichen Familienfotos auf dem Sideboard. Sie sprechen über Monikas Publikationen, er darf sie nach ihrer berühmten Verwandtschaft fragen. Stachlig wirkt sie manchmal, dann wieder offen. Je interessierter und unvoreingenommener der Junge fragt, desto vertrauensvoller antwortet sie. Mal erzählt sie giftig von den Manns, dann wieder warm und verteidigend. »Nester voller Widersprüche« (Golo Mann) sind die Menschen eben, geht es um ihre Familie.

Der Fischer Giovanni, der die Münchener Studenten vom Hafen abholt und zum Angeln hinausfährt, hat ihnen bereits vom zurückgezogenen Paar in der Villa Monacone erzählt: Der alte Spadaro sei ein berüchtigter »Casanova« gewesen, bevor er die deutsche Signora kennenlernte, die ja aus einer berühmten Künstlerfamilie stamme. Happy findet, Antonio wirke immer angegriffen, wenn er ihn in der Villa Monacone antrifft. Meist liegt der alte Herr auf dem Sofa, freundlich lächelnd, und Signora Mann kümmert sich zärtlich und fürsorglich um ihn.

Von Happy weiß Monika Mann wenig. Aus einigen Andeutungen hat sie schließen können, dass er, von einer Pflegestelle zur anderen geschoben, keine glückliche Kindheit hatte. Vielleicht berührt sie das. In der Casa Malaparte, erzählt Happy bei einer Tasse Tee, streichen sie gerade die Fassade, und er schlafe auf genau dem Sofa, auf dem Brigitte Bardot im Spielfilm *Le Mépris* gesessen habe, sei das nicht irre? Er erzählt, dass sie kürzlich einen kleinen Hai geangelt hätten. Und dass sie Muscheln von den Felsen der Bootsanlegestelle schlagen,

Ein Paar für 31 Jahre: Monika Mann mit ihrem Partner Antonio Spadaro – im Hintergrund Capris Wahrzeichen, die Faraglioni

wenn das Geld knapp wird. Zum Essen gibt es dann *spaghetti vongole* mit Knoblauch und Petersilie.

Monika und Antonio freuen sich über die unerwartete Freundschaft mit diesem freundlichen jungen Mann, der oft im Arbeitsoverall aufkreuzt. Regelmäßig ruft Monika in der Casa Malaparte an: Der Happy solle bitte kommen, es gebe etwas Schweres zu tragen, oder, der Happy werde gebraucht, es sei Zeit für die Kaktusfeigenernte! Denn der Feigenbaum am Eingangstor hängt im Spätsommer voller Früchte – außen stachlig, aber innen saftig und süß. Dann kommen die Studenten, mit schützenden Handschuhen, nehmen die Früchte ab und füllen damit große Strohkörbe.

In der Casa Malaparte gibt es Hauskonzerte, manche Studenten haben ihre Gitarre mitgebracht. Oft drehen sie auch die Musikanlage auf, und italienische *canzoni* und Popsongs fluten über das nächtliche Meer. Sie spielen »Luna Caprese« und »Azzurro«, was junge Deutsche in Italien so hören, auch Gianna Nannini und den Poeten Lucio Battisti, einen der Lieblingssänger von David Bowie. Battistis Song »I Giardini Di Marzo« ist 1972 Kult, ist heute noch in italienischen Fußballstadien zu hören und wird auch Mitte der Achtzigerjahre ständig gespielt. Das Lied ist ein Gedicht von Liebe, Schmerz und Wehmut, es handele, sagen Kenner der italienischen Songs und Seele, von den Wunden der Vergangenheit, der Kraft der Heilung durch Liebe und der Verzagtheit des Herzens. Es passt zur Villa Monacone und ihrer seltsamen Bewohnerin, zu der es der Wind vielleicht herüberweht, vielleicht auch nicht.

Lucio Battisti singt: In der Seele mit ihren weiten Himmeln, blauen Flüssen, ihren Hügeln und Gärten fließe süß die Melancholie. Am Grunde der Seele aber sei Liebe, immense Liebe. Das ganze Universum finde darin Platz. »Questo è il tempo di vivere con te. Le mie mani come vedi non tremano più.«

Dies ist die Zeit des gemeinsamen Lebens. Und die Hände, siehst du, sie zittern nicht mehr.

Epilog

Antonio Spadaro stirbt am 13. Dezember 1985 im Alter von 78 Jahren an Herzversagen. Monika Mann berichtet dem italienischen Schriftsteller Raffaele La Capria im Mai 1986 in einem Interview, Antonio sei in der Nacht an ihrer Seite wach geworden, habe Schmerzen in der Brust verspürt, dreimal durchgeatmet und sei dann gestorben.

Golo Mann trifft kurz nach Antonios Tod auf Capri ein, um seiner Schwester eine Woche lang beizustehen. Er wohnt in der »Villa Brunella«.

Deren Besitzer Vincenzo Ruggiero sagt, alle im Ort glaubten, dass Spadaro nie so lange gelebt hätte, »wenn die Signora sich nicht so fürsorglich um ihn gekümmert hätte«. Der einheimische Arzt Giuseppe Spirito über Monika und die Beziehung der beiden: »Sie war sehr verschlossen … Ihre Bindung an die Welt war Antonio. Dabei konnte es ja gar nicht zwei unterschiedlichere Menschen geben. (…) Also, ich will nicht sagen, für Monika sei Antonio der ›edle Wilde‹ gewesen, im Sinne Rousseaus, aber vielleicht doch irgendetwas in dieser Art.«

Monika Mann verlässt Capri im Frühsommer 1986. Sie reist über Südtirol in die Schweiz nach Kilchberg, um wie angekündigt im ehemaligen Elternhaus in der Alten Landstraße 39 einzuziehen. Die aus Capri mitgebrachten Besitztümer, darunter die vom Vater gewidmeten Bücher und ein Aquarell von Oskar Kokoschka, werden in der Garage gelagert, von dort verliert sich ihre Spur.

Das Zusammenleben von Monika Mann und Golo Mann, dessen Adoptivsohn Hans Beck 1986 gerade gestorben ist, gestaltet sich schwierig. Monika Mann wohnt bei Freundinnen in Zürich und in Pensionen. Ihre körperliche und mentale Verfassung verschlechtert sich.

Im Winter 1986 besucht die Journalistin Helga Schalkhäuser Monika Mann, die sie im Mai 1986 auf Capri interviewt hat, in Zürich. Monika wohnt übergangsweise bei ihrer Jugendfreundin Elsie Diem. Auf Helga Schalkhäuser wirkt Monika Mann »teilnahmslos, wie erloschen«. Die Freundin bringt die Journalistin zur Tür und flüstert ihr zu, dass sie sich sorge: Monika sitze auf unausgepackten Koffern, sehe aus dem Fenster, spreche kaum und wenn, dann »nur von Antonio«.

1988 trifft Monika Mann bei Ingrid Beck-Mann, Witwe von Hans Beck-Mann und ausgebildete Krankenpflegerin, in Leverkusen ein und wird dort betreut. Sie lebe, heißt es, die meiste Zeit in ihrer eigenen Welt.

Die zweite Tochter von Thomas und Katia Mann stirbt am 17. März 1992 im Alter von 81 Jahren. Monika Mann wird im Familiengrab in Kilchberg beigesetzt.

Die Villa Monacone steht unverändert schön an der Via Pizzolungo 7. Das Haus ist umstanden von Palmen, Pinien und Kakteen, und am Geländer rankt eine Bougainvillea. Den mächtigen Feigenkaktus am Eingangstor gibt es nicht mehr.

Das Apartment im ersten Stock gehört seit 1986 einer

Architektenfamilie aus Neapel. Beim Einzug im Sommer 1986 sind wenige Dinge von Monika Mann in der Villa Monacone geblieben: darunter ein großer Spiegel mit dunklem Holzrahmen (erhalten) und ein Stapel alter Zeitungen und Papiere (nicht erhalten). Beim Aufräumen der Papiere flattert dem 20-jährigen Sohn Leonardo ein undatierter Brief entgegen, geschrieben von Antonio Spadaro an »Monascella«: »So che sei una farfallina e che devi volare libera.« Du bist ein kleiner Schmetterling, und musst frei fliegen.

Im Wohnzimmer der Villa Monacone, auf dem Kaminsims, steht ein kleines geschnitztes Flaschenbötchen mit rot bemaltem Korpus und gehisstem weißem Segel.

Dank

Die Idee zu diesem Buch entstand bei einem Besuch auf der Insel Capri. Der Spaziergang auf der Via Pizzolungo führte mich an der abgelegenen Villa Monacone vorbei. Ich wusste, dass Monika Mann lange Zeit hier gelebt hatte – ich wusste aber nicht, dass sie sich damit ein Zuhause gewählt hatte, das sie derart unmittelbar und täglich mit dem Meer konfrontierte, mit dem sie doch, wie ich dachte, ihre niederschmetterndste Lebenserfahrung verknüpfte: das Schiffsunglück von 1940, bei dem ihr Ehemann vor ihren Augen ertrunken war. Das machte mich neugierig auf eine Frau, die anscheinend über mehr Energie und Lebenskraft verfügte, als es die bekannten Schilderungen vermuten ließen.

Erst auf Capri und erst in ihrer Lebensmitte fand Monika Mann ein Zuhause, die Liebe und ihre Stimme als Autorin. Sie versuchte, auf der Mittelmeerinsel seelisch zu gesunden. Die Schilderung von Monika Manns Gefühls- und Gedankenwelt in diesem Buch basiert auf ihren Briefen und Texten sowie auf Erinnerungen von Zeitzeugen. Es entstand ein vielschichtiges Bild dieser Persönlichkeit, das von der oft reproduzierten Wertung, auch Abwertung, durch die Familie abwich.

Monika Mann offenbarte sich als Versehrte, als Suchende

im Privaten wie Beruflichen, sogar als Sonderling. Aber Sonderlinge sind interessant, in der Literatur wie im Leben. Es war Zeit für einen modernen, auch weiblicheren Blick auf diese Außenseiterin der Manns. Dieses Buch soll der Geschichte der wohl faszinierendsten deutschen Künstlerfamilie ein bisher unbekanntes Kapitel hinzufügen.

Für ihre kollegiale Unterstützung habe ich vor allem der Monika-Mann-Biografin Karin Andert zu danken, die mich auf meiner Spurensuche mit wertvollen Hinweisen begleitet hat. Karin Andert machte mich auf die bisher unveröffentlichten Briefe Monika Manns an Antonio Spadaro aufmerksam, deren Fund und Weitergabe an die Monacensia München ihr zu verdanken ist. Dort sind rund 80 Briefe und Postkarten aus den Jahren 1959 bis 1975 archiviert, die Monika Mann während ihrer Sommerreisen an Antonio Spadaro schrieb. Beim Zitieren aus dieser Korrespondenz stütze ich mich auf die deutsche Übersetzung von Antonin Andert.

Claudia Beck-Mann sei gedankt für die großzügige Genehmigung der Zitate aus unpublizierten Briefen und Texten Monika Manns.

Mein besonderer Dank gebührt den Mitgliedern der Familie Mann Prof. Nica Borgese Guidi, die mich bereits bei der Arbeit am Lebensporträt ihrer Mutter Elisabeth Mann Borgese unterstützt hat, sowie Prof. Frido Mann und Michele Colocci, für vertrauensvolle Gespräche und Einblicke in den Kosmos dieser *amazing family*.

Familie Pica Ciamarra verdanke ich nicht nur viele Recherchedetails, sondern einen eindrucksvollen Aufenthalt in der Villa Monacone: In ihrem Apartment lebte Monika Mann von 1954 bis 1986.

Ihre persönlichen Erinnerungen an Monika Mann mit mir geteilt haben Helga Schalkhäuser und Hans Peter Bergmann, auf Capri Anna Maria Boniello und Vincenzo Ruggiero. Mille grazie!

Mit seiner unvergleichlichen Expertise half Dr. Dirk Heißerer, Vorsitzender des Thomas-Mann-Forums München. Bedanken möchte ich mich auch bei Anatol Regnier, Monika Schikarski, Lothar Sickel, Mária Lányi, Martina Medolago, Tanja Schultz, Anna Chiara Della Corte sowie den engagierten Mitarbeitern der Münchner Stadtbibliothek/Monacensia, des Thomas-Mann-Archivs der ETH Zürich und der McMaster University, Mills Memorial Library in Hamilton, Kanada. Und natürlich bei Barbara Laugwitz und Iris Forster vom dtv-Verlag, bei meiner Literaturagentin Bettina Breitling und bei Petra Eggers.

Eric Pfeils Buch *Azzurro* über die Seele der italienischen *canzoni* schenkte mir einen unvergesslichen Soundtrack beim Schreiben.

Ich danke Dorle Kopetzky, die zwischen den Faraglioni-Felsen hindurchschwamm und mich auch mit anderen kühnen Ideen inspirierte, meiner treuen Erstleserin Claudia Jacobs, Bernhard Wildegger für die Geduld und meinem Vater, dem ich dieses Buch widme.

Bibliografie

Literatur von und zu Monika Mann und ihrer Familie:

Karin Andert: *Monika Mann. Eine Biografie,* Hamburg 2010

Karin Andert: »Das Gerümpel von Capri«, in: *Schweizer Monatshefte* 983, Januar/Februar 2011

Karin Andert und Martina Medolago: »Alle Kinder außer Moni und Jenö Lányi«, in: *Thomas-Mann-Jahrbuch* 33, 2020

Heinrich Breloer: *Unterwegs zur Familie Mann. Begegnungen, Gespräche, Interviews,* Frankfurt a. M. 2001

Klaus Harpprecht: *Thomas Mann. Eine Biographie,* Reinbek bei Hamburg 1995

Dirk Heißerer: »›Wahlnichte‹ und ›Wahlonkel‹. Kadidja Wedekind und Heinrich Mann, Briefwechsel 1936/1944–1949«, in: *Heinrich-Mann-Jahrbuch* 40, 2022

Kerstin Holzer: *Elisabeth Mann Borgese. Ein Lebensporträt,* Berlin 2001

Inge und Walter Jens: *Frau Thomas Mann. Das Leben der Katharina Pringsheim,* Reinbek bei Hamburg 2003

Kirsten Jüngling, Brigitte Roßbeck: *Katia Mann. Die Frau des Zauberers,* München 2003

Marianne Krüll: *Im Netz der Zauberer. Eine andere Geschichte der Familie Mann,* Frankfurt a. M. 1999

Hermann Kurzke: *Thomas Mann. Das Leben als Kunstwerk. Eine Biographie,* München 1999

Tilmann Lahme: *Golo Mann. Biographie,* Frankfurt a. M. 2009

Tilmann Lahme: *Die Manns. Geschichte einer Familie,* Frankfurt a. M. 2015

Tilmann Lahme, Birte Lipinski und Julius Sonntag (Hrsg.): *What A Family! Die Manns von 1945 bis heute.* Katalog zur gleichnamigen Ausstellung im Buddenbrookhaus Lübeck, 2017

Tilmann Lahme, Holger Pils und Kerstin Klein (Hrsg.): *Die Briefe der Manns. Ein Familienporträt,* Frankfurt a. M. 2016

Irmela von der Lühe: *Erika Mann. Eine Biografie,* Frankfurt a. M. 1999

Erika Mann: *Mein Vater, der Zauberer,* hrsg. von Irmela von der Lühe und Uwe Naumann, Reinbek bei Hamburg 1996

Frido Mann: *Achterbahn. Ein Lebensweg,* Reinbek bei Hamburg 2016

Golo Mann: *Erinnerungen und Gedanken. Eine Jugend in Deutschland,* Frankfurt a. M. 1991

Golo Mann/Marcel Reich-Ranicki: *Enthusiasten der Literatur. Ein Briefwechsel. Aufsätze und Porträts,* hrsg. von Volker Hage, Frankfurt a. M. 2000

Katia Mann: *Meine ungeschriebenen Memoiren,* Frankfurt a. M. 1995

Katia Mann: Briefe. McMaster University, Mills Memorial Library, the William Ready Division of Archives and Research Collections, Hamilton, Ontario, Kanada

Katia Mann: *»Liebes Rehherz«. Briefe an Thomas Mann 1920–1950,* hrsg. von Inge Jens, München 2008

Klaus Mann: *Der Wendepunkt. Ein Lebensbericht,* Reinbek bei Hamburg 1991

Monika Mann: *Vergangenes und Gegenwärtiges. Erinnerungen,* München 1956

Monika Mann: *Der Start. Ein Tagebuch,* Fürstenfeldbruck, 1960

Monika Mann: *Tupfen im All,* Köln 1963

Monika Mann: *Wunder der Kindheit. Bilder und Impressionen,* Köln 1966

Monika Mann: *Der letzte Häftling. Eine wahre Legende in onore eines (letzten) Komponisten,* Lohhof bei München 1967

Monika Mann: *Das fahrende Haus. Aus dem Leben einer Weltbürgerin,* hrsg. von Karin Andert, Reinbek bei Hamburg 2007

Monika Mann: Interview mit Helga Schalkhäuser vom 15.5.1986, Abschrift in der Münchner Stadtbibliothek/Monacensia, MM 388

Monika Mann: Briefe. Münchner Stadtbibliothek/Monacensia, M/Sp B1, MM 1, MM 1a, HK B 756, EM B 139

Monika Mann: Briefe und Feuilletons. Thomas-Mann-Archiv, ETH Zürich, B-III.14-MANK-16 bis B-III.14-MANK-40, D-I-PA/1968/230, D-I-PA/1970/80B, D-I-PA/1979/406, D-I-PA/1980/457, D-I-PA/undat/83, Monika Mann an Max Frisch 1976 sowie 1981

Thomas Mann: *Briefe I–III (1889–1955),* hrsg. von Erika Mann; Bd. III: *Briefe III. 1948–1955 und Nachlese,* Frankfurt am Main 1963

Thomas Mann: *Tagebücher in 10 Bänden,* Bd. 1–5 (1918–1943), hrsg. von Peter de Mendelssohn, Bd. 6–10 (1943–1955), hrsg. von Inge Jens, Frankfurt a. M. 1977–1995

Thomas Mann: *Buddenbrooks,* Frankfurt a. M. 1979

Thomas Mann: *Die Erzählungen,* Frankfurt a. M. 1986

Uwe Naumann (Hrsg.): *Ruhe gibt es nicht, bis zum Schluß. Klaus Mann (1906–1949). Bilder und Dokumente,* Reinbek bei Hamburg 1999

Uwe Naumann (Hrsg.) in Zusammenarbeit mit Astrid Roffmann: *Die Kinder der Manns. Ein Familienalbum,* Reinbek bei Hamburg 2005

Hedwig Pringsheim: *Tagebücher in 8 Bänden,* hrsg. von Christina Herbst, Göttingen 2013–2021

Hedwig Pringsheim: *Mein Nachrichtendienst. Briefe an Katia Mann 1933–1941 in 2 Bänden,* hrsg. von Dirk Heißerer, Göttingen 2013

Anatol Regnier: *Du auf deinem höchsten Dach. Tilly Wedekind und ihre Töchter,* München 2003

Helga Schalkhäuser: *Hoheiten, Exzellenzen, Prominente. Begegnungen mit berühmten Persönlichkeiten in aller Welt,* Bergisch Gladbach 1987

Helga Schalkhäuser: »Schreiben ist keine Therapie«, in: *Nürnberger Zeitung,* 28.3.1987

Tanja Schultz: »Monika Mann und der alte Fischer«, in: *Neue Zürcher Zeitung,* 29.1.2021

Annette Seemann: »Monika Mann. Ein schwarzes Schaf«, in: *Frankfurter Allgemeine Zeitung Magazin,* 30.5.1997

Lothar Sickel: »Schon vor der Katastrophe galt sie als Störenfried«, in: *Frankfurter Allgemeine Zeitung,* 3.4.2021

Andrea Wüstner: *Ich war immer verärgert, wenn ich ein Mädchen bekam. Thomas und Katia Mann als Eltern,* München 2010

Hans Wysling, Yvonne Schmidlin (Hrsg.): *Thomas Mann. Ein Leben in Bildern,* Zürich 1994

Weitere Literatur:

Claretta Cerio: *Mein Capri,* Hamburg 2021

Cesare Cunaccia: *Capri Dolce Vita,* New York 2019

Shirley Hazzard: *Begegnung auf Capri. Erinnerungen an Graham Greene,* Wien 2002

Patricia Highsmith: *Tage- und Notizbücher,* Zürich 2021

Yvonne Meyer-Lohr (Hrsg.): *Capri,* München 2007

Eric Pfeil: *Azzurro. Mit 100 Songs durch Italien,* Köln 2022

Dieter Richter: *Die Insel Capri. Ein Porträt,* Berlin 2018
Rainer Maria Rilke: *Briefe an einen jungen Dichter*, Berlin 2019
Walt Whitman: *Grashalme,* Zürich 1985

Bildnachweis

S. 20: Fontispiz, Monika Mann: *Vergangenes und Gegenwärtiges*, München 1956
S. 39: Münchner Stadtbibliothek/Monacensia, EM F 173
S. 46: Münchner Stadtbibliothek/Monacensia, M/Sp F2 Foto 7, Photo Rino Capri
S. 54: ullstein bild – ullstein bild
S. 85: Münchner Stadtbibliothek/Monacensia, MM 1 Foto 3 o. R. a
S. 100: Privatsammlung Mária Lányi
S. 120: akg images
S. 137: Münchner Stadtbibliothek/Monacensia, M/Sp F2 Foto 1
S. 139: Münchner Stadtbibliothek/Monacensia, M/Sp F1 Foto 1, Ferrania
S. 146: Münchner Stadtbibliothek/Monacensia, M/Sp F3 Foto 3, Photo Rino
S. 171: Münchner Stadtbibliothek/Monacensia, M/Sp F3 Foto 2, Ferrania
S. 191: Luciano D'Alessandro Archive/Studio Bibliografico Marini